En 1984 el Fondo de Cultura Económica concibió el proyecto editorial La Ciencia desde México con el propósito de divulgar el conocimiento científico en español a través de libros breves, con carácter introductorio y un lenguaje claro, accesible y ameno; el objetivo era despertar el interés en la ciencia en un público amplio y, en especial, entre los jóvenes.

Los primeros títulos aparecieron en 1986, y si en un principio la colección se conformó por obras que daban a conocer los trabajos de investigación de científicos radicados en México, diez años más tarde la convocatoria se amplió a todos los países hispanoamericanos y cambió su nombre por el de La Ciencia para Todos.

Con el desarrollo de la colección, el Fondo de Cultura Económica estableció dos certámenes: el concurso de lectoescritura Leamos La Ciencia para Todos, que busca promover la lectura de la colección y el surgimiento de vocaciones entre los estudiantes de educación media, y el Premio Internacional de Divulgación de la Ciencia Ruy Pérez Tamayo, cuyo propósito es incentivar la producción de textos de científicos, periodistas, divulgadores y escritores en general cuyos títulos puedan incorporarse al catálogo de la colección.

Hoy, La Ciencia para Todos y los dos concursos bienales se mantienen y aun buscan crecer, renovarse y actualizarse, con un objetivo aún más ambicioso: hacer de la ciencia parte fundamental de la cultura general de los pueblos hispanoamericanos.

LA CIENCIA PARA TODOS

241

El cambio climático

**MARIO MOLINA • JOSÉ SARUKÁN
JULIA CARABIAS**

El cambio climático

Causas, efectos y soluciones

Con la colaboración de
GEORGINA GARCÍA MENDEZ
y
WENDY GARCÍA CALDERÓN

Primera edición, DGE Equilibrista/Fundación Coca-Cola, 2000
Primera edición, FCE, 2017
    Primera reimpresión, 2019

[Primera edición en libro electrónico, 2017]

Molina, Mario, José Sarukhán y Julia Carabias
    El cambio climático. Causas, efectos y soluciones / Mario Molina, José
Sarukhán, Julia Carabias. — México : FCE, SEP, Conacyt, 2017
    222 p. ; ilus. ; 21 × 14 cm — (Colec. La Ciencia para Todos ; 241)
    Texto para nivel medio superior
    ISBN 978-607-16-4385-8

    1. Cambios climáticos – México 2. Cambios climáticos – Políticas pú-
blicas 3. Efecto invernadero – América Latina 4. Divulgación científica
I. Sarukhán, José, coaut. II. Carabias, Julia, coaut. III. Ser. IV. t.

LC QC903   Dewey 508.2 C569 V.241

Distribución mundial

La Ciencia para Todos es proyecto y propiedad del Fondo de Cultura Económica,
al que pertenecen también sus derechos. Se publica con los auspicios de la
Secretaríade Educación Pública y del Consejo Nacional de Ciencia y Tecnología.

D. R. © 2017, Fondo de Cultura Económica
Carretera Picacho-Ajusco, 227; 14738 Ciudad de México
www.fondodeculturaeconomica.com
Comentarios: editorial@fondodeculturaeconomica.com
Tel.: (55)5227-4672

Diseño de portada: Francisco Ibarra Meza (π)

ISBN 978-607-16-4385-8 (rústico)
ISBN 978-607-16-5075-7 (electrónico-mobi)
ISBN 978-607-16-5077-1 (electrónico-epub)

No obstante que los temas relacionados con los dos principales problemas ambientales globales —el calentamiento de la superficie de la Tierra y la pérdida de ecosistemas naturales— han tomado presencia clara en los medios de comunicación y en los debates de muchos grupos sociales, el verdadero significado de lo que tales problemas representan dista mucho de ser claro para la inmensa mayoría de las sociedades, incluso las de los países con mayores niveles de comunicación y educación. Aunque el tema del cambio climático global y su efecto en la modificación de los climas locales y regionales ha tomado una posición preponderante en los medios y en la percepción de la gente, es imperativo percatarnos de que el otro cambio global ambiental —la pérdida de los ecosistemas naturales, de los que dependemos para nuestra subsistencia— es igualmente importante. Ambos son las caras de una misma moneda: son los componentes del cambio ambiental global que tiene que ser tratado de manera integral. Ninguno de los dos problemas se resolverá sin el acompañamiento de la solución del otro. Este libro tratará, entre otras razones por la limitación del espacio, sobre una de las dos caras de la moneda: la del cambio climático global. El tratamiento del tema en los medios —incluso cuando no es manipulado por intereses económicos antagónicos a la información científica objetiva— es por lo general de tipo anecdótico y poco informativo de los detalles que describen apropiadamente la envergadura de éste, el reto más grande que la humanidad ha enfrentado en su existencia en el planeta.

Los autores consideramos que es útil elaborar un conciso compendio, tanto de los elementos científicos básicos del conocimiento acerca del cambio climático, la modificación de la composición química de la atmósfera y sus repercusiones en los climas del planeta, como de los asuntos relacionados con las repercusiones económicas, sociales, legales y éticas de esta problemática a escala global y, especialmente, en los aspectos que son pertinentes a México.

El propósito de este libro no es transmitir conocimientos originales sobre la ciencia básica del fenómeno del funcionamiento del clima, o de los mecanismos y motores del cambio climático. Al contrario, es un intento de comunicar a la sociedad, de una manera que esperamos sea clara, objetiva y amena, los fundamentos básicos de los fenómenos involucrados en las alteraciones del clima global, los factores de la actividad humana que son responsables de provocar el calentamiento de la superficie terrestre y sus manifestaciones —recientemente actualizadas—, que ya se han presentado en diferentes partes del mundo y en México, el costo económico que esto representa y el tipo de acciones que deberían tomarse a escala global y nacional para reducir las emisiones de gases de efecto invernadero (GEI) por la actividad industrial, del transporte y el comportamiento de cada uno de nosotros; además se definen mecanismos para adaptar las sociedades a los cambios que ya se están presentando.

Las generaciones anteriores a la nuestra no disponían del grado de conocimiento sobre las causas del calentamiento global que hoy tiene nuestra generación; las que nos sucederán ya no tendrán el tiempo para llevar a cabo las acciones que ahora nosotros, con costos menores, podemos y debemos realizar.

Esperamos que esta obra, que ha sido escrita para quienes no tienen un conocimiento técnico o científico sobre el tema, sea útil para que un mayor número de personas entiendan cabalmente la dimensión del reto que nos confronta como especie en nuestra casa: el planeta Tierra. Y, en consecuencia, que nos percatemos de la envergadura de las acciones que, como individuos, sociedades y naciones, debemos emprender. Ya se ha dicho en otras ocasiones: las generaciones anteriores a la nuestra no disponían del grado de conocimiento que actualmente tenemos sobre las causas del cambio climático; las generaciones que nos sucederán ya no tendrán tiempo para llevar a cabo las acciones que ahora nosotros, con costos menores, podemos y debemos realizar.

AGRADECIMIENTOS

Los autores deseamos expresar nuestro agradecimiento a Santiago Morató, a Claudia Octaviano y al FCE, por su esmerado y cuidadoso apoyo técnico en la elaboración de este libro.

I. Elementos científicos sobre el cambio climático

> La ignorancia no es una buena base para encarar los riesgos.

UN POCO DE HISTORIA

Todos recordamos a nuestros padres o abuelos decir que "el clima antes no era así", "ya no llueve de la misma manera que cuando éramos jóvenes" o "las cabañuelas ya no ocurren cuando ocurrían antes". Nosotros mismos, en el presente, tenemos sensaciones similares acerca de la variabilidad del clima. Por ejemplo, muchos de los que han vivido más de 40 años en la Ciudad de México podrán recordar que los "nortes" que normalmente ocurren en el invierno eran más regulares en el pasado, con periodos de lluvia fina (el "chipi-chipi") y temperaturas muy bajas, que generalmente depositaban nieve en las montañas más altas que rodean a la ciudad y que incluso llegaron a producir nevadas en la ciudad misma, la última de ellas ocurrida en el invierno de 1967 a 1968. Y aunque el clima (es decir, las condiciones de temperatura del aire y regímenes de lluvias) es por naturaleza muy variable debido a múltiples factores que lo determinan y que veremos más adelante, es correcta la sensación de que existen diferencias entre el clima que experimentamos en el presente y el que conocimos en el pasado, especialmente si el pasado es lejano.

Ésta es una percepción acerca del clima que no está limitada a una región o a un país como México, sino que sucede en todo el mundo. En algunos lugares del planeta estos fenómenos de cambio del clima han sido muy evidentes, como en partes del estado de California, en los Estados Unidos, que en la década de 1930 sufrieron una sequía intensa, la cual, aunada a malas prácticas agrícolas, produjo la desecación y la pérdida de los suelos de una gran área. En el presente el fenómeno se repite con gran severidad: las presas (entre ellas la más grande de los Estados Unidos) han llegado a sus límites históricos mínimos, y las reservas de nieve en las montañas están casi exhaustas, lo cual ha significado el racionamiento del abastecimiento de agua en gran parte del estado.

Las variaciones climáticas han sido objeto de comentarios y análisis desde épocas muy remotas y sus descripciones se registran en las obras de los antiguos griegos y romanos, pero nunca fueron una preocupación a una escala global como lo son en el presente.

Desde la Antigüedad, la gente pensaba que algunas actividades humanas —por ejemplo el hecho de cortar grandes extensiones de bosques para fines agrícolas— podrían tener efectos sobre el clima; en algunos casos, como en los Estados Unidos en el siglo XIX, se creía que este hecho ocasionaría más lluvias y sería provechoso para la agricultura, una idea que ahora sabemos que es errónea.

Veamos cómo se desarrollaron en el medio científico las ideas acerca de la naturaleza del clima en nuestro planeta.

A principios del siglo XIX un físico y matemático francés, originalmente soldado de los ejércitos de Napoleón en el cercano Oriente, Jean Baptiste Joseph Fourier (figura I.1), quien trabajaba sobre problemas de transferencia de calor, se hizo una pregunta muy importante: ¿qué

FIGURA I.1. *Jean Baptiste Joseph Fourier (1768-1830).*

era lo que mantenía elevada la temperatura de la superficie de la Tierra por arriba de lo que se esperaría? Él concluyó que había "algo" que estaba relacionado con la atmósfera y regulaba de alguna forma el calor transferido al espacio desde el planeta; sin embargo, en ese tiempo no había una noción clara sobre la naturaleza de la radiación infrarroja.

En esa misma época, a mediados del siglo XIX, John Tyndall (figura I.2), un irlandés que se dedicó en su juventud a hacer levantamientos topográficos y que obtuvo su educación en Alemania sólo hasta después de los 30 años de edad, jugó un papel

FIGURA I.2. *John Tyndall (1820-1893).*

central para explicar ese "algo" que Fourier proponía como factor causante de la temperatura elevada de la superficie de la Tierra. Su contribución central consistió en demostrar que no todos los gases que constituyen la atmósfera eran igualmente transparentes a la radiación infrarroja, sino que las moléculas de vapor de agua (H_2O), el bióxido de carbono (CO_2) y el ozono (O_3) eran "opacos" a esa radiación y por lo tanto eficaces para capturar rayos infrarrojos, y concluyó que, de estos tres, el vapor de agua era el más eficiente colector de calor y consecuentemente el factor más determinante, aunque, como veremos en el siguiente capítulo, hoy sabemos que el dióxido de carbono —y no el vapor de agua— es el compuesto que realmente controla el clima, pues es lo que determina en última instancia la cantidad de vapor de agua presente en la atmósfera. Tyndall también observó que las moléculas del aire difractaban la luz: el fenómeno que puede verse en una habitación en penumbra en la que penetra un rayo de sol formando un cono de luz por el fino polvo en el aire es conocido como "fenómeno de Tyndall". También demostró que el ozono es una molécula compuesta por átomos de oxígeno.

Uno de los primeros en sospechar que algunos gases que formaban parte de nuestra atmósfera —como el CO_2— podrían tener una influencia en los cambios de temperatura de la superficie terrestre fue un científico sueco llamado Svante Arrhenius (figura I.3), que recibió el premio Nobel de Química en 1903 y que hacia fines del siglo XIX estaba interesado en entender por qué habían ocurrido las glaciaciones del pasado en la Tierra. Él proponía que el CO_2 que emitían los volcanes al hacer erupción elevaría la temperatura del aire, lo cual causaría que el aire caliente guardara más vapor de agua y actuara como elemento que retiene el calor. Si se interrumpieran todas las erupciones volcánicas, se reduciría la cantidad de CO_2 en la atmósfera, lo cual reduciría la temperatura del aire, haciendo que retuviera menos vapor de agua y esto enfriaría la atmósfera en un proceso de retroalimentación que acabaría produciendo las glaciaciones.

Fue el primero en utilizar el concepto de "efecto invernadero". Crecientemente interesado en el tema, Arrhenius realizó una serie de complejísimos cálculos a mano del efecto que incrementos del CO_2 tendrían sobre la temperatura; llegó a la conclusión de que una duplicación del CO_2 en la atmósfera produciría un aumento de unos 4 °C en la temperatura de la Tierra, una predicción no demasiado lejana de lo que la ciencia nos dice hoy en día. Sin embargo, las ideas de Arrhenius no tuvieron mucho impacto entre sus colegas, y menos aún en la sociedad de la época.

FIGURA I.3. *Svante Arrhenius (1859-1927).*

Un par de factores ayudaron a que el tema del calentamiento global y el consecuente cambio climático[1] no tuviera mayor presencia en las discusiones del medio científico entre 1940 y 1970. El primero de ellos fue la complejidad de elementos que intervienen en la determinación del clima (ya sea de una localidad o, más marcadamente, del clima global), la desigual información existente y la enorme dificultad de los cálculos requeridos para entender sus interacciones y efectos; todo ello generó resultados muy poco confiables e incompletos, desanimando la participación comprometida de los científicos. El segundo factor fue que la sociedad en general seguía teniendo la concepción de que nuestro planeta era verdaderamente enorme y, consecuentemente, de que la atmósfera que lo rodea era gigantesca y de que los recursos naturales eran también inagotables. Esta percepción permaneció vigente hasta la década de 1970, y se vio reflejada en la escasa noción acerca del crecimiento exponencial de la humanidad, del aumento en el consumo de energía y bienes per cápita, así como de la creciente demanda de recursos. Cualquier nueva idea sobre el impacto negativo que el desarrollo económico y tecnológico de la humanidad tenía sobre el ambiente se veía contrarrestada por la convicción de que los avances tecnológicos del futuro resolverían, de una forma u otra, todos esos problemas.

Ciertamente, los avances tecnológicos han sido los que, sin haber resuelto los impactos negativos, han ayudado a que tengamos plena conciencia de los problemas que afectan al clima del planeta. La segunda Guerra Mundial y su secuela —la Guerra Fría— estimularon una serie de esfuerzos científicos apoyados por los respectivos ministerios de defensa y de las fuerzas navales de los países dominantes. La carrera por el espacio desempeñó un papel central en el progreso tecnológico, el cual tuvo impacto mayúsculo en relación con el entendimiento del clima de la Tierra. Un ejemplo de ello fue una impresionante y

---

[1] Cuando mencionamos *cambio climático* nos referimos a los efectos causados por la actividad antropogénica.

bella fotografía: la Tierra, vista por primera vez desde la Luna. Esa imagen tuvo una repercusión enorme en la sociedad. Por primera vez la humanidad contemplaba de manera objetiva nuestro planeta en su integridad y se percataba de que era un objeto de tamaño definido, solitario en el espacio, y que además transmitía un desconcertante sentido de vulnerabilidad; mucha gente dejó de considerar a la Tierra como un espacio enorme, casi infinito y libre de amenazas. Una serie de desarrollos tecnológicos muy relacionados con los vuelos espaciales contribuyó para que los científicos tuvieran una comprensión cada vez más completa y precisa de cómo funciona el clima global y de las relaciones que hay entre la atmósfera, el mar y los continentes. Éstos fueron los satélites de observación terrestre que a partir de la década de 1970 se multiplicaron y diversificaron, enviando —como siguen haciéndolo— enormes cantidades de datos sobre las características físicas y químicas de la atmósfera, los océanos y las áreas terrestres.

Otro avance de particular importancia fueron las observaciones de Charles David Keeling (figura I.4), un químico estadunidense que se interesó por la química atmosférica, por el CO_2 especialmente. Keeling fue convocado por Roger Revelle (figura I.5), un notable oceanógrafo precursor de los estudios de CO_2 atmosférico, realizados primero en Harvard y posteriormente en el Instituto de Oceanografía Scripps, en La Jolla, California. Revelle había publicado en 1957 un artículo en el que se sugería que los sistemas marinos del planeta no tendrían la gran capacidad predicha por otros científicos para absorber los excesos de CO_2 producidos por la actividad industrial de la

FIGURA I.4. *Charles David Keeling (1928-2005).*

FIGURA I.5. *Roger Revelle (1909-1991).*

humanidad; su conclusión fue que dichas emisiones contribuirían al efecto invernadero, lo que resultaría en un futuro calentamiento global de la atmósfera. Revelle desempeñó un papel muy importante en comunicar los primeros resultados de las observaciones de Keeling en Hawái al Congreso de los Estados Unidos, pero tuvo muy poca respuesta por parte de los congresistas.

En su interés por conocer las concentraciones de este gas en la atmósfera, Keeling se enfrentó a los problemas técnicos de medir, en condiciones fluctuantes, un gas que se encontraba en concentraciones muy bajas en el aire, por lo que esas mediciones eran susceptibles de contaminarse por la actividad humana, como la cercanía a una fábrica o a cualquier otra fuente de emisión de bióxido de carbono, al igual que por la actividad volcánica o la emisión de este gas por masas boscosas cercanas.

Todas las mediciones que se habían hecho hasta el momento presentaban resultados altamente fluctuantes entre un lugar y otro y en diferentes momentos. Keeling, tomando en cuenta estas variaciones, seleccionó áreas que estuvieran aisladas lo más posible de influencias de actividad humana. Para ello eligió una de las islas hawaianas y la Antártida. En la cima del volcán Mauna Loa en Hawái, Keeling hizo los ajustes necesarios por las emisiones de bióxido de carbono del volcán, que son bastante constantes, para que no afectasen sus observaciones atmosféricas. La Antártida era un sitio perfecto para sus propósitos por su aislamiento y gran distancia de cualquier actividad humana. Aunque con altibajos en el apoyo para realizar sus mediciones, Keeling pudo constatar, en sólo unos cuantos años de observaciones, que se podía detectar una tendencia al aumento en la concentración de CO_2 en ambos sitios.

La serie de observaciones que Keeling inició en el Mauna Loa es la más larga de las mediciones del CO_2 atmosférico con que se cuenta y ha servido como referencia para monitorear los incrementos en las concentraciones de este gas en la atmósfera.

Entre el fin de los años cincuenta y las dos décadas siguientes se generaron los primeros grandes programas de observación terrestre que conjuntaron por primera vez a científicos de muchos países y de muchas disciplinas para trabajar unidos en problemas bien definidos. El primero fue el Año Geofísico Internacional (IGY, por sus siglas en inglés, 1957-1958) y el segundo el Programa Biológico Internacional (IBP, por sus siglas en inglés, 1967-1974). Ambos no solamente sentaron bases para un estudio científico mucho más organizado sobre diferentes aspectos de nuestro planeta, sino que introdujeron una mayor interdisciplinaridad a los nuevos paradigmas del conocimiento acerca de la Tierra. Estos esfuerzos rindieron muchos frutos. Quizá el más notable de ellos fue el estudio del deterioro de la capa de ozono estratosférico realizado por Mario Molina, Sherwood Rowland y Paul Crutzen (figura I.6), por el que años después estos investigadores merecieron el premio Nobel de Química y que produjo el primer y único acuerdo internacional efectivo de acción global: el Protocolo de Montreal, en 1987, que prohibió en todo el mundo la fabricación de clorofluorocarbonos (CFC).

Para este tiempo, otros investigadores habían contribuido con otras piezas del rompecabezas sobre la posibilidad de que el cambio climático ya podría estar ocurriendo. Algunas de esas importantes piezas fueron los patrones de circulación de las corrientes marinas y sus efectos sobre las áreas continentales, entre otros.

Los estudios de Arrhenius, Tyndall y otros, generados en circunstancias de gran limitación tanto de datos como de capacidades de cómputo adecuadas —a diferencia de las que se tienen desde hace un par de décadas—, fueron realmente notables y sirvieron de base para los cálculos mucho más precisos de

FIGURA I.6. *Sherwood Rowland, Mario Molina y Paul Crutzen.*

Keeling y de muchos nuevos científicos que se dedican ahora al estudio de los efectos de las actividades humanas en el clima.

Sin embargo, no ha sido sino hasta las últimas cuatro décadas que la humanidad ha logrado tener información cada vez más precisa de lo que está ocurriendo en la atmósfera como resultado de la actividad humana, en especial en los países industrialmente más desarrollados. Los primeros satélites de observación sobre estos fenómenos empezaron a orbitar la Tierra en la década de 1970, cuando simultáneamente se comenzaron a desarrollar las computadoras capaces de procesar las enormes cantidades de datos sobre el comportamiento de la atmósfera y los océanos ante la acumulación de GEI, y se empezaron a comprender las relaciones entre atmósfera, océanos y masas terrestres mediante la generación y el constante mejoramiento de los modelos de predicción de esos fenómenos.

La información obtenida por las mediciones directas de temperatura de la superficie del planeta y de la atmósfera analizada por los satélites, procesada por las grandes computadoras y examinada por modelos de predicción cada vez mejores derivó en una comprensión de los fenómenos atmosféricos que claramente sugería una creciente situación de emergencia: la atmósfera del planeta se estaba calentando a tasas inéditas y podría tener consecuencias severas sobre los climas de la Tierra. Esto propició, hacia fines de la década de 1970, la Primera Conferencia Mundial sobre el Clima convocada por la Organización Meteorológica Mundial (OMM) y el Programa de Naciones Unidas para el Medio Ambiente (PNUMA), que resultó en el primer Programa Mundial sobre el Clima (PMC). Casi una década después, en 1988 se estableció el Grupo Intergubernamental de Expertos sobre el Cambio Climático (IPCC, por sus siglas en inglés; figura I.7). Un año antes se había firmado el Protocolo de Montreal, referido líneas arriba. Tal como se describe en el capítulo VII, luego de esta primera reunión del IPCC tuvieron lugar otras cuatro reuniones en las que se aportaron más evidencias de la ocurrencia del impacto de las actividades humanas en el clima, que se están manifestando en diversos lugares del planeta.

FIGURA I.7. *Grupo Intergubernamental de Expertos sobre el Cambio Climático (IPCC).*

Los CFC, el ozono y el Protocolo de Montreal

Este protocolo, firmado en 1987 bajo el auspicio de la Organización de las Naciones Unidas y motivado por las investigaciones de los doctores Mario Molina, Paul Crutzen y Sherwood Rowland, marcó un cambio importante en la forma de atender y resolver los problemas ambientales en el ámbito internacional mediante el establecimiento de metas y acciones concretas para limitar y, finalmente, eliminar la producción de sustancias agotadoras de ozono (SAO), como los clorofluorocarbonos (CFC). Como resultado de este acuerdo internacional, en 1998 se demostró que el crecimiento de la concentración de los compuestos de cloro en la capa de ozono había disminuido, por lo que se prevé que aproximadamente a mediados del siglo XXI la capa de ozono recupere sus niveles originales.

La limitación de las SAO por el Protocolo de Montreal ha contribuido, en forma paralela, a mitigar el cambio climático, gracias a que la mayor parte de estas sustancias presentan un alto potencial de calentamiento global (molécula por molécula, de más de cien veces que el generado por el bióxido de carbono).

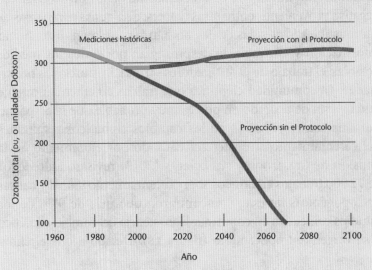

Resultados del Protocolo de Montreal.
Fuente: adaptado de Newman et al., 2009.

Con base en evidencia muy bien establecida, aproximadamente 97% de los científicos del clima han concluido que las actividades humanas ya tienen impactos en éste, lo que comúnmente se conoce como cambio climático. El sustento de esta afirmación no recae en estudios aislados, sino que deriva de múltiples análisis y conclusiones de diferentes investigaciones científicas realizadas en las últimas décadas, las cuales han sido ampliamente difundidas por la comunidad científica en conferencias, publicaciones en revistas arbitradas y de acceso público, así como en la declaración pública de que el cambio climático pone en riesgo el bienestar de las personas de todas las naciones, todo ello realizado prácticamente por todas las academias de ciencias y organizaciones científicas relevantes.

A pesar de contar con esta evidencia científica, algunos sectores de la sociedad no están aún convencidos de la clara relación entre la actividad humana y el cambio climático. Muchos de ellos han sido influidos por una constante labor de propaganda negativa proveniente, entre otras fuentes, de algunas compañías de combustibles fósiles, las cuales no han reparado en distorsionar información y en tratar de desprestigiar, por todos los medios posibles, el trabajo de investigadores serios e instituciones prestigiadas. La comunidad científica que trabaja en el tema no tiene duda y está de acuerdo en que es muy probable que la actividad humana sea responsable de los cambios climáticos resultantes del calentamiento atmosférico[2] causado por el aumento en la emisión de GEI. Cook y sus colegas (2013) revisaron alrededor de 12 000 trabajos científicos sobre calentamiento global y causas antropogénicas de éste, y encontraron que más de 97% de los estudios coincidían en confirmar la existencia del cambio climático y su origen antropocéntrico (figura 1.8). Debido a que el clima

---

[2] Cuando mencionamos en el texto el término *calentamiento de la superficie terrestre* nos referimos al calentamiento de la atmósfera baja, donde ocurre la mayor parte de la actividad de los organismos vivos, incluidos nosotros.

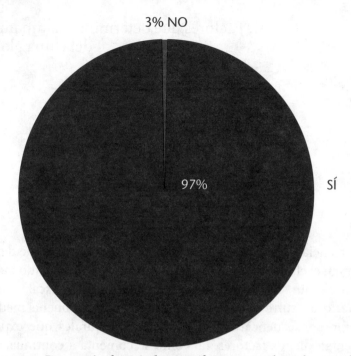

3% NO

97%

SÍ

Figura i.8. *Proporción de artículos científicos que señalan a la actividad antropogénica como causante del calentamiento global. Fuente: Cook et al., 2013.*

es un sistema complejo y los modelos que se usan para pronosticarlo no son todo lo precisos que sería deseable, las predicciones de los cambios en el futuro presentan incertidumbres, pero señalan la existencia de un riesgo muy significativo de que se presenten eventos catastróficos para la sociedad como consecuencia del cambio climático causado por la actividad humana.

Existe un claro consenso entre la comunidad científica respecto a que las alteraciones del clima en muchas partes del mundo se deben al aumento de las emisiones de gases de efecto invernadero generadas por la actividad humana.

II. Factores que determinan la dinámica del clima global

El clima

La ciencia básica que explica los factores y procesos que determinan el clima está muy bien establecida. Es bien sabido que el clima es un sistema complejo y que, lo mismo a escala global que local, sufre alteraciones permanentes, en buena medida como consecuencia de las variaciones naturales que experimentan dichos factores, tal como se comenta a continuación.

Diferencias entre "tiempo" y "clima"

Lo primero que hay que mencionar es que existen diferencias importantes entre lo que en español llamamos el "tiempo" y el clima de un lugar. En este contexto, llamamos tiempo a las condiciones con las que amanece un día y determinan si habrá lluvias o qué temperatura (máxima o mínima) tendrá el día, e incluye fenómenos tales como una granizada o el arribo de un huracán. El "tiempo" ocurre en escalas de unas cuantas horas en el transcurso de un mismo día, o en el lapso de unos cuantos días o semanas.

El clima representa las condiciones promedio para extensos periodos de las temperaturas y de las precipitaciones de un lugar o una región.

Por el contrario, el clima de un lugar normalmente varía en períodos muy largos, de décadas o siglos. El clima son las condiciones promedio, para extensos períodos, de las temperaturas, las precipitaciones, la velocidad de los vientos y la humedad de un lugar o región, y que pueden presentar una determinada tendencia. Más técnicamente hablando, el clima se puede definir como el estado de las condiciones promedio del sistema atmósfera-océano-tierra, que usualmente describimos como condiciones promedio del clima.

LA ATMÓSFERA

La atmósfera no sólo es un elemento esencial para mantener la vida en la Tierra porque contiene oxígeno, indispensable para la mayor parte de los organismos vivos, sino porque es el medio o la "materia prima" con la cual se generan los climas del planeta, tanto el global como los locales. Sus características físicas y químicas son determinantes para definir su comportamiento y, consecuentemente, las peculiaridades de los climas.

Un elemento crucial que determina el tipo de atmósfera que tiene nuestro planeta es su tamaño. Si la Tierra fuera más pequeña, no ejercería la atracción gravitacional sobre los gases que la componen para constituir una atmósfera, al menos no como la que tenemos; si su tamaño hubiera sido mucho mayor, la atmósfera muy probablemente tendría una densidad tan grande que no dejaría pasar los rayos del Sol hasta su superficie.

La atmósfera no es homogénea, ni química ni físicamente. Contrario a lo que se podría pensar, presenta una estratificación muy importante en cuanto a temperaturas a lo largo de su espesor (figura II.1). Los fenómenos más importantes que

El motor del clima es la energía solar. La forma e inclinación de la Tierra determinan la manera en que recibe los rayos solares y definen las diferentes temperaturas en la misma.

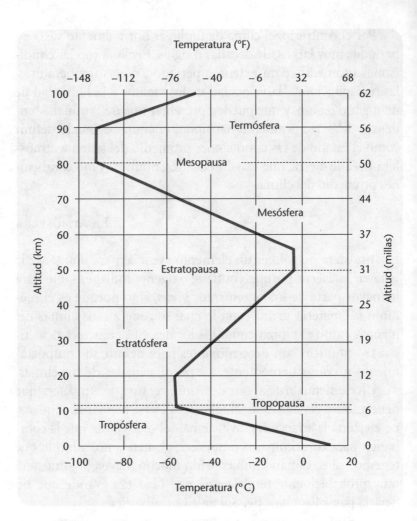

FIGURA II.1. *Estratificación de la atmósfera. Temperaturas promedio típicas.*

determinan las características del clima ocurren en la tropósfera —los primeros 8-10 km de altura sobre la superficie terrestre—, donde la temperatura desciende casi linealmente de la que tiene en la superficie hasta cerca de −60 °C; aumenta paulatinamente hasta los siguientes 30 o 50 km de altura, que consti-

Nitrógeno	78.00%
Oxígeno	21.00%
Argón	0.93%
Vapor de agua*	0.25%
Bióxido de carbono	0.03%
Neón	0.018%
Helio	0.005%
Criptón	0.001%
Hidrógeno	0.00005%
Xenón	0.000001%

* Ésta es la concentración promedio. El vapor de agua es altamente variable, pero típicamente se encuentra en concentraciones entre 0.01% y 4%.

FIGURA II.2. *Composición química de la atmósfera.*

tuyen la estratósfera, que también tiene alguna influencia en la definición del clima. El resto de la atmósfera juega un papel muy marginal en la determinación del clima.

Las características químicas de la atmósfera son también particularmente importantes para definir y modificar el clima. En la figura II.2 se mencionan los principales gases que componen nuestra atmósfera; muchos de ellos están presentes en muy pequeñas proporciones.

LA RADIACIÓN SOLAR

El motor del clima es la energía solar. Se trata de un flujo de energía electromagnética que llega al exterior de la atmósfera, principalmente en forma de luz visible, y que se conoce como la constante solar (equivalente a 1370 W/m^2). Cerca de 30% de esta energía es reflejada de vuelta al espacio, fundamentalmente por las nubes, la nieve, el hielo y los grandes desiertos desprovistos de vegetación; el resto lo absorbe la superficie de los océanos y de los continentes, que es lo que llamamos "la superficie terrestre".

Debido a su forma esferoide, la Tierra recibe de manera diferenciada esa energía; las zonas ecuatoriales reciben de forma perpendicular o cenital los rayos solares, mientras que las zonas en las mayores latitudes, cerca de los polos, reciben los rayos solares en forma tangencial, como se detalla más adelante. Como consecuencia de ello, las zonas más cercanas al ecuador se calientan más que las de las latitudes mayores.

EL EFECTO INVERNADERO NATURAL

Todos sabemos por experiencia que, cuando hace frío, la ropa gruesa nos mantiene a una temperatura más elevada que la del aire que nos rodea. En términos coloquiales, esto lo explicamos diciendo que la ropa "guarda el calor" generado por nuestro cuerpo. De la misma manera, diríamos que la atmósfera de nuestro planeta funciona como una manta que "guarda el calor" emitido por la superficie terrestre, pues sin atmósfera el planeta estaría congelado. Esta es una apreciación muy generalizada que, sin embargo, es incorrecta. En el siglo XIX se pensaba que el calor era un fluido —el "flogisto"— que se podía almacenar en los objetos, y que se podía transportar de uno a otro, pero esta idea se descartó en el siglo XX, cuando quedó establecida la ley de la conservación de la energía, es decir, la primera ley de la termodinámica, abordada en el recuadro "Energía, calor y temperatura".

Para entender esta diferencia, veamos primero cómo se explica el funcionamiento de una manta, que en un lugar frío claramente eleva la temperatura de la parte de nuestro cuerpo que protege. Imaginemos a una persona en un clima frío que sale al aire libre sin protección alguna. Su cuerpo genera constantemente cierta cantidad de energía, proveniente de los alimentos que ha ingerido; al cubrirlo con ropa, efectivamente sube la temperatura de la piel, como consecuencia de limitar la transferencia hacia el medio ambiente de la energía que produce. Sin embargo, al cabo de unos minutos la temperatura de la piel ya no aumenta, pues ha alcanzado el "equilibrio térmico" (explicado en el recuadro "Energía, calor y temperatura"), es decir, mantiene una temperatura constante, lo que implica que deja de acumular y perder energía.

Gracias a la ley de la conservación de la energía sabemos, además, que la energía que produce su cuerpo no se "guarda", sino que se está perdiendo en la misma medida que si no estuviera cubierto por la manta. Lo que sucede en este caso es que la "conductividad térmica" de la manta es muy limitada, y por eso para transmitir la energía producida al medio ambiente se necesita que el cuerpo esté a mayor temperatura. Así, una vez que se alcanza el equilibrio térmico, que es cuando la temperatura ya no cambia, la manta no guarda nada de "calor", y el cuerpo humano pierde la misma cantidad de energía con o sin ella.

La atmósfera funciona de manera parecida para el planeta como la manta para los humanos, y es por eso que la comparamos con una manta térmica: para mantener el balance térmico, con o sin atmósfera el planeta absorbe la misma cantidad de energía que la que pierde; no hay acumulación de energía. Además, tanto para el cuerpo como para el planeta, del lado interno de la manta (que para el planeta es la superficie terrestre) la temperatura aumenta, mientras que del lado externo (que corresponde a las capas superiores de la atmósfera) es prácticamente la misma que la que tendría la superficie sin manta. Sin embargo, la analogía no es perfecta. A diferencia del cuerpo humano, la energía interna de nuestro planeta prácticamente no tiene ningún efecto en la temperatura de la superficie, pues está aislada del exterior por la corteza terrestre. La energía que determina el clima es la que proviene del Sol, en forma principalmente de luz visible, de la cual la atmósfera absorbe sólo una pequeña parte. Además, en contraste con el cuerpo humano, la energía que pierde el planeta no se transmite al exterior por conducción, sino por emisión de radiación infrarroja (para comprender los mecanismos de transferencia de energía, véase el recuadro "Energía, calor y temperatura"), y es ésta la que es en gran parte absorbida o "atrapada" por la atmósfera. De acuerdo con la ley de radiación de un cuerpo negro, sin la atmósfera de nuestro planeta tendríamos una temperatura promedio de −18 °C en la superficie terrestre. Sin embargo, éste no es el caso, ya que la atmósfera eleva la temperatura de dicha superficie a 15 °C. Así pues, es en las capas superiores de la atmósfera donde se observan en promedio los niveles de temperatura que se tendrían sin atmósfera, ya que éstas pierden hacia el espacio exterior la cantidad de energía requerida para mantener el balance térmico (equivalente a la constante solar). Lo que sucede es que, gracias al efecto invernadero natural, la temperatura promedio de la superficie terrestre se eleva lo suficiente para emitir en forma de radiación infrarroja más del doble de la cantidad de energía de la que recibe del Sol, pues ciertos gases presentes de forma natural en la atmósfera (los llamados gases de efecto invernadero), en efecto, atrapan una fracción significativa de esa energía, emitiéndola en todas direcciones, regresando una parte a la superficie, manteniendo de esta manera el balance térmico.

El referido efecto invernadero natural permite que la temperatura promedio de la superficie terrestre esté 33 °C por encima de lo que tendríamos si los gases de efecto invernadero no existieran. En ausencia de estos gases, que "atrapan" la energía emitida por dicha superficie, la Tierra estaría congelada, con una temperatura promedio inferior incluso a −18 °C, ya que su superficie sería blanca (por estar cubierta de nieve y hielo), y por consecuencia reflejaría una proporción mayor de la luz solar. Con esas condiciones, nuestro planeta sería inhabitable para la gran mayoría de los organismos vivos, incluidos los humanos.

El clima a escala global tiene, pues, características que dependen de la presencia de una mezcla específica de gases en la atmósfera. Como se mencionó anteriormente, entre ellos se incluye el nitrógeno, el oxígeno, el vapor de agua y algunos otros gases presentes en proporciones tan pequeñas, que su magnitud no se mide en porcentajes, sino en partes por millón (ppm) o incluso partes por billón (ppb), en relación con el volumen de aire. El oxígeno, al igual que el nitrógeno, son transparentes a la radiación infrarroja, lo que implica que no bloquean su escape de la atmósfera hacia el espacio (figura II.3). En cambio, el vapor de agua es un bloqueador muy eficaz de los rayos infrarrojos, incluso más potente que el bióxido de carbono (CO_2); asimismo lo son otros gases como el metano (CH_4), el óxido nitroso (N_2O) y los clorofluorocarbonos (CFC); estos últimos son inexistentes en la atmósfera de manera natural y son creados por los humanos.

El vapor de agua se genera por la evaporación de los océanos, lagos y ríos, y en la atmósfera se condensa produciendo nubes, lluvia y nieve. Su concentración depende de manera crítica, a su vez, de la temperatura ambiente. Si de alguna manera, hipotética-

La energía solar llega al planeta principalmente en forma de luz visible

La misma cantidad de energía solar que es absorbida por el planeta es emitida al espacio en forma de radiación infrarroja

1/3 de la energía solar es reflejada al espacio por las nubes, los desiertos y la nieve

La radiación infrarroja emitida por la superficie es absorbida por los gases de efecto invernadero, y es a su vez emitida en todas direcciones, regresando una buena parte de la energía emitida a la superficie

2/3 de la energía solar son absorbidos por la superficie terrestre, la atmósfera y las nubes

La cantidad de energía que emite la superficie del planeta en forma de radiación infrarroja es poco más del doble de la cantidad de energía solar que absorbe

FIGURA II.3. *Balance de energía del efecto invernadero natural.*

37

mente, se eliminara el CO_2, la temperatura de la atmósfera sería considerablemente más baja, y en consecuencia el vapor de agua se condensaría, por lo que el efecto invernadero no se daría y el planeta estaría congelado, tal como se mencionó líneas arriba. Es por ello que se considera que el CO_2 es el gas de efecto invernadero que realmente controla la temperatura de la superficie terrestre.

El CO_2 se produce naturalmente por la respiración de todos los organismos, por erupciones volcánicas y por la descomposición de materia orgánica. El metano se produce por la descomposición anaeróbica de materia orgánica en los grandes humedales de las zonas templadas y frías, y por la actividad digestiva de los rumiantes. El óxido nitroso es producido de manera natural por la actividad bacteriana en ecosistemas terrestres y marinos, y aunque está presente en concentraciones tan bajas como 0.3 ppm, tiene una capacidad casi 300 veces mayor que la del CO_2, molécula por molécula, de captar radiación infrarroja.

ENERGÍA, CALOR Y TEMPERATURA

La energía tiene distintas formas, que pueden transformarse entre sí y medirse con una misma escala. Una de sus formas más comunes es la energía cinética, que es la que adquiere un cuerpo cuando se le aplica una fuerza y aumenta su velocidad, y que es posible transmitir a otro cuerpo mediante una colisión, por ejemplo. Otra es la energía potencial; es, por ejemplo, la que adquiere un resorte al aplicarle una fuerza para estirarlo. Debido a la fuerza de gravedad, el agua en una presa también posee energía potencial, que se puede convertir en energía eléctrica mediante el uso de turbinas. Otra forma es la energía química: en un motor de combustión interna, la gasolina, al reaccionar con el oxígeno de la atmósfera, libera su energía química; ésta se convierte en energía mecánica, que es la que mueve a los automóviles. La reacción química, que se denomina "combustión", genera como subproductos bióxido de carbono y vapor de agua, principalmente. Por otra parte, los carbohidratos en los alimentos, al reaccionar con el oxígeno de la atmósfera, liberan energía química, que un ser vivo puede aprovechar para realizar sus funciones vitales y moverse; los subproductos de esta reacción química, promovida por la respiración, son también el bióxido de carbono y el vapor de agua. Las plantas y la vegetación, a su vez, pueden convertir estos dos productos de nuevo en carbohidratos, a través de la fotosíntesis, utilizando energía solar y liberando así a la atmósfera el oxígeno consumido por la respiración. La energía química que contienen los combustibles fósiles, como el petróleo y la gasolina, también proviene de la fotosíntesis, sólo que ésta tuvo lugar hace millones de años.

La termodinámica

La termodinámica es la ciencia que aborda los temas de calor, temperatura y energía. Un descubrimiento muy importante, que quedó bien establecido en el siglo xx, y que es uno de los fundamentos de esta ciencia, es la llamada "primera ley de la termodinámica", que establece que la energía se conserva: no se crea ni se destruye, pero sí se transfiere entre distintos objetos, y se puede transformar, tal como se mencionó anteriormente. Esto implica que si un objeto pierde energía, entonces otro debe ganarla en la misma cantidad.

Todos los objetos contienen cierta cantidad de "energía interna", debido a que las moléculas y los átomos que los forman están constantemente en movimiento, y a que poseen cierta cantidad de energía cinética y potencial. La temperatura es una medida de la energía que contienen las moléculas; dicha "energía interna" se transfiere espontáneamente cuando entran en contacto un cuerpo caliente con uno frío, hasta que sus temperaturas se igualan. En el lenguaje de la termodinámica, la energía que está en proceso de ser transferida de esta manera es lo que se conoce como "calor", y al mecanismo de transferencia que tiene lugar cuando dos cuerpos a distintas temperaturas se ponen en contacto directo se le llama "conducción". Otra manera de transferir energía en forma de "calor" entre objetos a distintas temperaturas, es a través de la "radiación electromagnética". Dicho mecanismo de transferencia energética es particularmente importante para entender cómo es que se comporta el clima de nuestro planeta.

Ondas electromagnéticas

Una propiedad fundamental de la materia es que continuamente emite cierta cantidad de energía en forma de radiación electromagnética; dicha cantidad depende únicamente de su temperatura y de su color. La radiación electromagnética es una corriente de pequeños paquetes de energía, llamados fotones, que se comportan simultáneamente como pequeñas ondas y como partículas, y que se caracterizan por su longitud de onda: entre menor sea ésta, mayor es su energía. Los fotones se propagan a través del espacio a una velocidad constante de alrededor de 300 000 kilómetros por segundo, que es la velocidad de la luz. De esta manera la energía se transporta del Sol a la Tierra, donde tarda alrededor de ocho minutos en llegar. Los cuerpos celestes con altas temperaturas, como el Sol, con aproximadamente 6 000 °C, emiten principalmente luz visible, que consiste en fotones con longitudes de onda de entre 0.3 y 0.8 micras —una micra (μm) es una millonésima parte de un metro—, con tonalidades que corresponden a los colores del arco iris, del violeta al rojo. A menores temperaturas, como las que caracterizan a la mayoría de los planetas, por ejemplo, los cuerpos emiten radiación de mayor longitud de onda, llamada radiación infrarroja, que no percibimos a simple vista, y cuyos fotones tienen una longitud de onda de entre 0.8 y 1 000 μm. Los fotones con longitud de onda menor a 0.3 μm son los que constituyen la radiación ultravioleta, y tampoco los percibe el ojo humano. También hay fotones con longitud de onda mucho mayor que la que tiene la luz visible, que van de entre 1 000 μm hasta 0.3 m, y que son utilizados para múltiples aplicaciones, incluyendo cocinar alimentos: se trata de las microondas. Los fotones con longitud de onda aún mayor a los 0.3 m son los de radiofrecuencia. Por otro lado, existen fotones con una longitud de onda extremadamente pequeña, como son los rayos X.

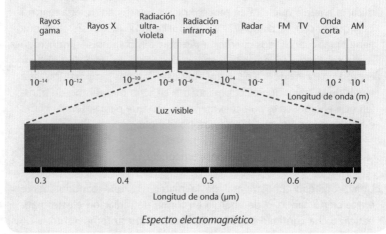

Espectro electromagnético

Dado que los fotones son pequeños paquetes de energía, la primera ley de la termodinámica nos dice que cuando un objeto emite un fotón, la energía interna del objeto emisor debe disminuir. Debido a que la temperatura es una medida de la energía interna, la emisión de un fotón, por lo tanto, hace que la temperatura del objeto que lo emitió disminuya. Del mismo modo, si un objeto absorbe un fotón, la energía que éste contiene se transfiere al interior del objeto, y por lo tanto su temperatura y su energía interna se incrementan. Es posible, sin embargo, que un fotón choque con un objeto y rebote, sin ser absorbido, lo que describimos como radiación electromagnética "reflejada". El color de un objeto es lo que caracteriza cuáles fotones se absorben y cuáles se reflejan; un cuerpo negro absorbe la mayoría de los fotones de luz visible que recibe, mientras que un cuerpo blanco (o un espejo) más bien los refleja.

Desde principios del siglo xix se había medido experimentalmente, en función de su temperatura y su color, la cantidad y las longitudes de onda de la radiación electromagnética emitida espontáneamente por un objeto. Sin embargo, no fue sino hasta el año 1900 cuando dichas mediciones se explicaron con base en el comportamiento de la materia a nivel atómico y subatómico, gracias a que Max Planck estableció la "ley de radiación de un cuerpo negro", que se convirtió en la base de la mecánica cuántica, y que revolucionó el campo de la física.

Equilibrio térmico

Asimismo, ya desde el siglo xix se había establecido el concepto de equilibrio térmico, según el cual, si un objeto frío recibe una cantidad constante de energía, éste se calienta y su temperatura aumenta hasta un punto en el que emite la misma cantidad de energía que la que recibe. Ello significa alcanzar el equilibrio térmico, que se caracteriza por mantener una temperatura constante, lo que implica que el objeto deja de acumular y perder energía. De esta manera ha sido posible estimar cuál debería de ser la temperatura promedio de nuestro planeta, pues hace ya millones de años que alcanzó dicho equilibrio térmico.

Variaciones en la energía solar
y en la órbita terrestre

Se ha mencionado ya que la energía solar es el motor del clima en nuestro planeta. Consecuentemente, variaciones en la energía incidente en la superficie de la Tierra pueden alterar el clima. La forma más directa de modificación de la energía solar incidente es la variabilidad en la actividad solar. Se ha reconocido un ciclo de actividad solar de 11 años en los que numerosos fenómenos en el Sol varían, como la actividad de la corona solar, las manchas y el viento solares, la cantidad de radiación que surge del Sol, etc. Sin embargo, debido a que la energía solar apenas varía con estos ciclos, no se considera que sea una contribución muy significativa para la variabilidad climática. A muy largo plazo las variaciones sí son apreciables, ya que el Sol ha aumentado su luminosidad a razón de alrededor de 10% cada 1 000 millones de años. Debido a este fenómeno, en la Tierra hace 4 500 millones de años el brillo del Sol era sólo 70% del actual.

Algunos científicos postularon que los cambios de actividad solar conectados con el ciclo de 11 años quizá hayan disparado la llamada "pequeña glaciación" entre los siglos XVI y XVIII, aunque la afirmación de que ésta haya sido la causa no es actualmente aceptada por la comunidad científica.

La otra fuente de variación en la energía incidente del Sol son pequeñas modificaciones en los parámetros de la órbita de la Tierra. Existen tres tipos de variaciones periódicas que son el resultado de las interacciones de la masa solar, la Luna y otros planetas del Sistema Solar: cambios en la excentricidad de la órbita de la Tierra (elipticidad) que abarcan periodos aproximados de 100 000 años y que alteran la distancia entre la Tierra y el Sol; variaciones en el eje de rotación de la Tierra (inclinación) que suceden en periodos aproximados de 40 000 años, y un movimiento (precesión) que modifica el ángulo que el eje de rotación de la Tierra forma con el plano de órbita, afectando la precesión de los equinoccios, y se presenta en periodos aproximados de 26000 años. Estas variaciones son conocidas como ciclos de Milanković y han determinado los periodos glaciales e interglaciares.

Inclinación del eje de la Tierra

Si no fuera por el efecto de la exposición variable de la Tierra en su giro alrededor del Sol debido a la inclinación del eje de la Tierra (23.5°), no tendríamos estaciones en el planeta, y los climas estarían determinados fundamentalmente por la latitud. Esta variación incrementa la diferencia de temperaturas entre las zonas cercanas al ecuador y las latitudes más altas, ya que estas últimas reciben una radiación aún más tangencial o nula durante seis meses del año (su correspondiente invierno). A pesar de que las zonas polares reciben alternativamente radiación solar constante durante casi seis meses, ésta llega con un ángulo tan bajo que la energía incidente es pequeña. Las zonas llamadas "intertropicales" (es decir, las que están entre los trópicos de Cáncer y Capricornio) reciben mucha más radiación cenital durante el año y consecuentemente se calientan más que las regiones en latitudes mayores (figura II.4).

Vulcanismo

Aunque en el pasado grandes fases eruptivas de la Tierra en extensas regiones provocaron cambios importantes por la emisión de enormes cantidades de bióxido de carbono, las erupciones volcánicas en tiempos históricos han tenido efectos de poca duración (un par de años o un poco más) sobre el clima global. Por ejemplo, el volcán Pinatubo, en Filipinas, emitió directamente a la estratósfera cantidades significativas de bióxido de azufre, el cual se

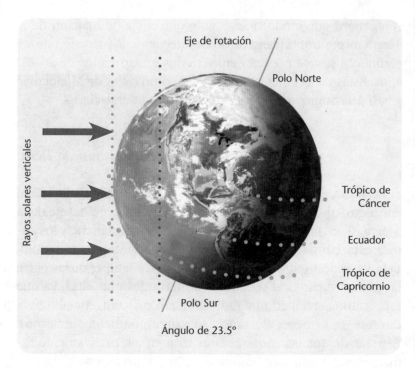

FIGURA II.4. *La inclinación de la Tierra y las estaciones.*

convierte en gotas de ácido sulfúrico después de oxidarse y de entrar en contacto con la humedad del aire. Estos aerosoles son dispersados por los vientos y persisten en la estratósfera por un par de años reflejando parte de la radiación solar al exterior, lo que reduce la temperatura del planeta.

Aerosoles de origen natural

Los aerosoles son partículas minúsculas suspendidas en la atmósfera. Cuando podemos ver un rayo de sol que entra por la ventana y atraviesa el aire de una habitación semioscura, es porque estamos observando partículas de polvo relativamente grandes. Los aerosoles son responsables de producir bruma por humo y también de generar atardeceres y amaneceres rojizos.

Un efecto muy importante de los finos aerosoles que se encuentran en la atmósfera superior es que reflejan los rayos solares hacia el espacio y afectan así la radiación incidente sobre la superficie de la Tierra. Los aerosoles presentes en capas inferiores de la atmósfera producen alteraciones en la formación y tipo de nubes y, consecuentemente, tienen influencia tanto en la precipitación pluvial y, de manera indirecta, en la temperatura de una zona, como en la cantidad de radiación solar que es reflejada a la atmósfera por la superficie de las nubes. Si la concentración de aerosoles aumenta en una nube, el agua que se condensa como gotas alrededor de cada partícula suspendida lo hará en un mayor número de partículas que formarán gotas más pequeñas, ya que el volumen de agua en la nube no varía; como resultado, el tiempo necesario para que el agua se precipite aumenta, la nube es más densa y dura más tiempo en la atmósfera sin producir lluvia, reflejando mayor radiación al exterior. Las interacciones son múltiples, lo que complica seriamente la modelación de estos fenómenos para predecir el efecto de cambios en la atmósfera.

Existen varios tipos de aerosoles. Uno de ellos son los aerosoles de origen volcánico mencionados anteriormente, que se forman en la estratósfera y que han sido arrojados por grandes erupciones como la del volcán Pinatubo, en Filipinas, o la del volcán Chichonal, en Chiapas, México.

Otro tipo de aerosoles son las partículas de polvo provenientes de los desiertos del mundo, por ejemplo del norte de África y del desierto de Gobi. Estos aerosoles pueden formar enormes nubes visibles desde satélites, a pesar de que los granos de polvo son relativamente pequeños.

Las causas naturales en las variaciones del clima se deben a fenómenos de la actividad solar, a pequeñas modificaciones en la órbita de la Tierra y al vulcanismo.

La atmósfera no se mantiene quieta nunca. Debido a que, como hemos visto, el Sol calienta diferencialmente más las zonas cercanas al ecuador, las capas de aire de esas regiones se calientan y, al hacerlo, se expanden y se vuelven menos densas, tendiendo a elevarse, lo que genera áreas de baja presión en esas zonas. Cuando esas masas calientes siguen ascendiendo hacia las capas más altas de la atmósfera (hasta la tropopausa, a 8-10 km de altura sobre el nivel del mar), se van enfriando, y en ese proceso el vapor de agua que contienen se condensa, forma grandes nubosidades y acaba por caer en forma de copiosas lluvias, lo que genera las zonas de alta precipitación pluvial en las regiones conocidas como *zonas de convergencia intertropical*. Así, se generan unas celdas de circulación que se elevan cerca del ecuador y bajan alrededor de los 30° de latitud (norte y sur), creando zonas de alta presión que coinciden con la presencia de los grandes desiertos calientes. Estas celdas llevan el nombre de *células* o *celdas de Hadley*, por su descubridor, George Hadley (1685-1768), un abogado y físico británico. Las masas de aire descendente de estas celdas constituyen los vientos alisios.

Si la Tierra no tuviera movimiento de rotación existirían solamente dos de estas celdas. Pero debido a la rotación y el efecto de Coriolis, del que hablaremos más adelante, se establece un sistema más complejo de tres celdas en cada hemisferio (figura II.5): una entre el ecuador y aproximadamente los 30° (las celdas de Hadley), una segunda entre los 30° y los casi 60° de latitud (conocidas como *celdas de Ferrel*), y finalmente las celdas polares, situadas más o menos a 50° hacia ambos polos. En cada una de las áreas donde coinciden las celdas se crean zonas de alta y baja presión. En las zonas ecuatoriales de baja presión, donde convergen masas de aire ascendente, se produce condensación del agua y nubosidad intensa con precipitación pluvial abundante (figura II.6). En las zonas de alta presión en las que bajan masas de aire que se separan en la superficie de la Tierra, alrededor de los 30° de latitud, se producen zonas secas o desérticas.

Polo Norte
Aire templado y seco descendente
Celda polar
Corriente en chorro polar
Aire cálido y húmedo ascendente
Alta
Baja
Celda de Ferrel
Aire templado y seco descendente
Alta
Celda de Hadley
Alta
Ecuador
Aire cálido y húmedo ascendente
Celda de Hadley
Alta
Alta
Aire templado y seco descendente
Celda de Ferrel
Corriente en chorro polar
Baja
Aire cálido y húmedo ascendente
Alta
Celda polar
Polo Sur
Aire templado y seco descendente

FIGURA II.5. *Celdas climáticas de Hadley, de Ferrel y polares. Fuente: NOAA, 2016a.*

La circulación atmosférica está además afectada por las complejas interacciones de las corrientes oceánicas y fenómenos físicos resultantes de la rotación de la Tierra, como el efecto de Coriolis, descrito en el siguiente recuadro.

47

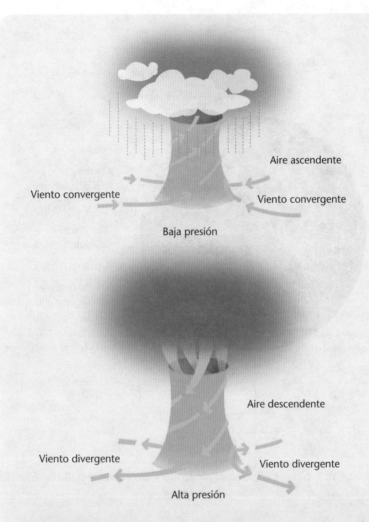

En las zonas ecuatoriales de baja presión, donde convergen masas de aire ascendente, se produce condensación del agua y nubosidad intensa con precipitación pluvial abundante. En las zonas de alta presión en las que bajan las masas de aire que se separan en la superficie de la Tierra, alrededor de los 30° de latitud, se producen zonas secas o desérticas.

FIGURA II.6. *Presión atmosférica en relación con el clima. Fuente: adaptado de Raven y Johnson, 1999.*

EL EFECTO DE CORIOLIS

¿Por qué las principales corrientes marinas en el hemisferio norte se mueven en el sentido de las manecillas del reloj y en el hemisferio sur lo hacen en el sentido opuesto? La causa es una fuerza ficticia, el efecto de Coriolis, y consiste en la desviación aparente de objetos que se mueven en línea recta sobre una superficie rotatoria. Este efecto fue descrito en el siglo XIX por un científico francés, Gaspard-Gustave de Coriolis, y es el resultado de la rotación de la Tierra.

¿Cómo funciona esta fuerza? Cuando un avión, en México, emprende el vuelo en Tijuana hacia el sur para ir a Mérida, si no hace correcciones de su trayectoria acabaría aterrizando en algún lugar a la derecha de su línea de vuelo, probablemente Tapachula, porque la Tierra está girando hacia el este (es decir hacia la izquierda de su línea original de vuelo). De manera similar, si el avión despega de Mérida para ir de regreso a Tijuana, tiene que corregir su trayectoria para no acabar en algún lugar del océano Pacífico, puesto que Tijuana ya se habría desplazado, por la rotación de la Tierra, hacia la derecha de su línea recta de vuelo. Ésta es la razón de por qué el sentido de giro de los ciclones en el hemisferio norte es en el sentido de las manecillas del reloj y sucede al revés en el hemisferio sur.

Contra la creencia popular, el efecto de Coriolis no influye en el sentido de la rotación del agua que se drena en un lavabo o una tina, dependiendo del hemisferio en el cual se encuentra, simplemente porque el volumen de agua en los lavabos o tinas es muy pequeño, y la forma de los receptáculos influye en el sentido del vórtice del agua.

CORRIENTES OCEÁNICAS

El mar y las corrientes oceánicas son determinantes en la definición de los climas y en un proceso de homogeneización de la temperatura. Por ejemplo, una capa de pocos metros de profundidad del mar almacena más energía térmica que toda la atmósfera. Sin el efecto homogeneizador del mar, los climas de la Tierra serían muy distintos a los que conocemos y muy extremos en sus diferencias. Un ejemplo de ello es que los grandes desiertos del planeta se encuentran en el hemisferio norte, que tiene la mayor masa continental con grandes regiones que están muy separadas de la influencia marina, como el norte de África y Asia. Por el contrario, los climas del hemisferio sur, especialmente en el sur de América y África, que tienen zonas continentales angostas, están más bien determinados por la influencia marina. Las principales corrientes marinas están ilustradas en la figura II.7.

Existen dos tipos de corrientes marinas: las superficiales, que llegan hasta unos 400 m de profundidad y son afectadas fundamentalmente por la acción de los vientos, y las profundas, movidas por efectos de su temperatura y salinidad, las cuales hacen variar la densidad del agua. Las primeras representan alrededor de 10% del agua marina y las profundas el restante 90%. Las corrientes superficiales, impelidas por los vientos, se mueven a mayor velocidad que las corrientes profundas. A mayor profundidad las corrientes presentan menor velocidad relativa a las corrientes superficiales. Además, la radiación solar causa que en las regiones tropicales, donde incide la mayor parte, el agua del mar se caliente, se expanda y tenga en promedio una altura que sobrepasa en 8 cm a la que hay en mayores latitudes; existe, en consecuencia, una tendencia del agua de mar a "resbalar" de bajada en esa pendiente hacia latitudes mayores.

Cuando las corrientes marinas superficiales fluyen hacia los polos se enfrían, aumentan su densidad y su salinidad, y se hunden, convirtiéndose en corrientes profundas. Las corrientes superficiales son siempre relativamente más calientes (o templadas) y menos densas que las profundas, y circulan de las zonas tropicales hacia los polos. Las corrientes marinas no fluyen en circuitos aislados; están conectadas en un gran sistema, una enorme "banda transportadora" oceánica —también conocida como *circulación termohalina*— que, de manera permanente, se hunde en las altas latitudes y sale a la superficie en las zonas intertropicales (figura II.8). Esta enorme masa de agua se mueve a una velocidad no mayor a 30 km por hora y en ella circulan unos 30 millones de metros cúbicos de agua por segundo. Como punto de comparación, el flujo total de agua de todos los ríos del mundo es de sólo un millón de metros cúbicos por segundo. Las costas orientales de los continentes son calentadas por las corrientes marinas que se desplazan hacia los polos, mientras que las costas occidentales son enfriadas por las corrientes oceánicas que se mueven hacia el ecuador provenientes de los polos. En las costas occidentales de los océanos Atlántico, Índico y Pacífico se producen surgencias marinas debido a que los intensos vientos que soplan de la parte continental arrastran el agua superficial haciendo que la más profunda, con abundantes nutrientes y más fría, surja a la superficie. Éstas son las zonas de pesquerías más importantes y representan cerca de la mitad de la pesca mundial.

50

FIGURA II.7. *Corrientes marinas. Fuente: PhysicalGeography.net.*

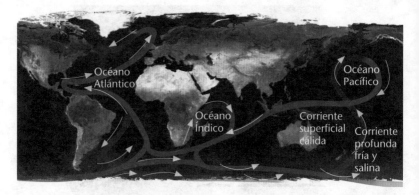

Figura ii.8. La "banda de transporte" oceánica. Fuente: PhysicalGeo
graphy.net.

Los grandes patrones climáticos

Los factores que hemos descrito previamente imponen grandes
áreas climáticas en el planeta que pueden modificarse por una
serie de características locales resultantes de la relación área
continental-océanos, de la presencia de grandes elevaciones
montañosas, de la influencia de corrientes marinas, etcétera.

El primer gran patrón climático es de tipo térmico y consiste
en que hay un gradiente de climas cálidos a climas fríos de la
zona ecuatorial a las grandes latitudes. Un segundo patrón es
que las zonas al barlovento de los vientos alisios en la zona intertropical reciben precipitaciones pluviales relativamente más altas, y por lo tanto presentan los climas más cálidos y húmedos.
Las zonas centrales de grandes masas continentales por lo general presentan grandes desiertos cálidos o zonas muy áridas; otro
factor que propicia zonas desérticas en las costas occidentales de
América y África son las surgencias de corrientes marinas profundas y frías que impiden la convección del aire en las costas y
la formación de nubes y precipitación; éste es el caso de los
desiertos en California y Baja California, Perú y Chile, las porciones occidentales de Australia y del Sahara (figura ii.9).

Los climas de México siguen en general los patrones climáticos globales. Sin embargo, las características de ubicación latitudinal y la forma que tiene el territorio mexicano, la influencia de los tres mares que lo rodean —además de un mar propio como el mar de Cortés— y las principales cadenas montañosas determinan de manera más local sus climas. Estas características hacen que se presenten en el país casi todos los climas del mundo (figura ii.10). El altiplano mexicano expresa los efectos de la continentalidad al igual que el efecto de "sombra de lluvia", por estar a sotavento de los vientos alisios del noreste y de los vientos marinos de los océanos; la aridez de la península de Baja California se debe a las surgencias de agua profunda y fría en su costa occidental; la zona árida de Tehuacán es producida por la sombra pluvial de la Sierra Madre Oriental (figura ii.11). Los grandes cambios topográficos típicos de una geografía tan accidentada como la del país van desde cumbres permanentemente nevadas con climas fríos hasta los climas cálido-húmedos tropicales en las planicies costeras, así como en el fondo de las innumerables barrancas de las sierras Madre Occidental y Madre Oriental, y también en la Sierra Madre del Sur, pasando por una gradación importante entre estos extremos climáticos. Esto genera infinidad de microclimas que son responsables en buena parte de la riquísima biota de México.

En México están presentes todos los climas del mundo —excepto los fríos más extremos— debido a su ubicación latitudinal, la influencia de los mares que lo rodean y las cadenas montañosas que lo atraviesan.

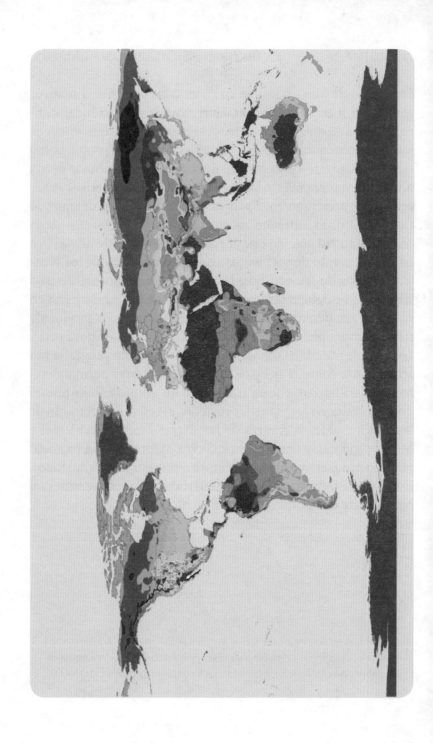

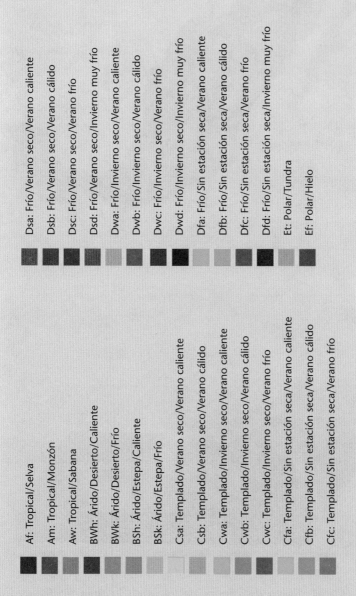

Af: Tropical/Selva
Am: Tropical/Monzón
Aw: Tropical/Sabana
BWh: Árido/Desierto/Caliente
BWk: Árido/Desierto/Frío
BSh: Árido/Estepa/Caliente
BSk: Árido/Estepa/Frío
Csa: Templado/Verano seco/Verano caliente
Csb: Templado/Verano seco/Verano cálido
Cwa: Templado/Invierno seco/Verano caliente
Cwb: Templado/Invierno seco/Verano cálido
Cwc: Templado/Invierno seco/Verano frío
Cfa: Templado/Sin estación seca/Verano caliente
Cfb: Templado/Sin estación seca/Verano cálido
Cfc: Templado/Sin estación seca/Verano frío

Dsa: Frío/Verano seco/Verano caliente
Dsb: Frío/Verano seco/Verano cálido
Dsc: Frío/Verano seco/Verano frío
Dsd: Frío/Verano seco/Invierno muy frío
Dwa: Frío/Invierno seco/Verano caliente
Dwb: Frío/Invierno seco/Verano cálido
Dwc: Frío/Invierno seco/Verano frío
Dwd: Frío/Invierno seco/Invierno muy frío
Dfa: Frío/Sin estación seca/Verano caliente
Dfb: Frío/Sin estación seca/Verano cálido
Dfc: Frío/Sin estación seca/Verano frío
Dfd: Frío/Sin estación seca/Invierno muy frío
Et: Polar/Tundra
Ef: Polar/Hielo

FIGURA II.9. *Clasificación de climas de Köppen-Geiger. Fuente: Peel et al., 2007.*

FIGURA II.10. *Climas de México. Fuente: INEGI, 2001.*

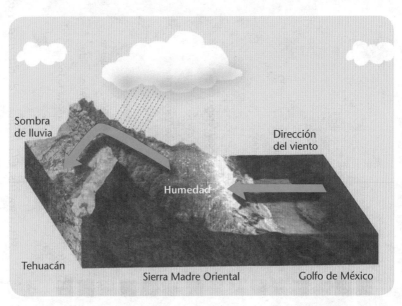

FIGURA II.11. *Efecto de sombra de lluvia en la zona de Tehuacán. Fuente: adaptado de Raven y Johnson, 1999.*

III. El cambio climático y sus causas

Los cambios acelerados de origen antropogénico de algunas características del sistema climático global, como la temperatura de la superficie terrestre y la distribución de la precipitación, los cuales se han observado en las últimas décadas, convencionalmente se refieren como "cambio climático". También, a lo largo de la historia de la Tierra, el clima ha cambiado, pero estos cambios han sucedido en escalas de tiempo que van generalmente de los miles hasta los millones de años.

CAMBIOS EN LA COMPOSICIÓN QUÍMICA DE LA ATMÓSFERA

Al describir la composición de la atmósfera nos hemos referido a aquellos componentes que actúan como deflectores de la radiación infrarroja de la superficie terrestre, lo que causa que la temperatura promedio de la superficie del planeta sea mayor que la que habría sin la existencia de esos gases, y que sería tan baja que no habría vida como la conocemos en la Tierra. La actividad humana genera, por el uso de combustibles fósiles, por la actividad agrícola e industrial y por la deforestación, varios de esos gases de efecto invernadero en cantidades extraordinarias, los cuales ya no pueden ser absorbidos por los mecanismos que naturalmente mantenían en equilibrio la composición química de la atmósfera antes de la Revolución Industrial, en el siglo XVIII. Esos gases (bióxido de carbono, metano y óxidos de nitrógeno) aumentan constantemente su concentración en la atmósfera. Solamente en relación con el CO_2 se calcula que se acumulan —porque ya no se pueden absorber en los sistemas ecológicos— alrededor de 3 500 millones de toneladas anuales en la atmósfera, incrementando seriamente el efecto invernadero (figura III.1). Además, todos estos gases se distribuyen uniformemente en la atmósfera global, independientemente de dónde se generen, y algunos son de enorme duración: por ejemplo, la tercera parte del CO_2 emitido por las actividades humanas permanecerá en la atmósfera durante milenios, manteniendo su efecto de calentamiento atmosférico durante todo ese tiempo.

Las actuales concentraciones de CO_2 y CH_4 en la atmósfera alcanzan más de 400 ppm el primero y más de 1.8 ppm el segundo, aunque molécula por molécula éste tiene un impacto

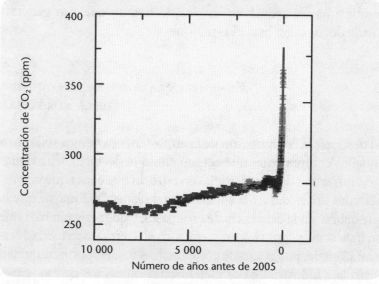

FIGURA III.1. *Concentración de CO_2 en la atmósfera. Fuente:* IPCC, *2007a.*

CUADRO III.1. *Concentración de GEI en la atmósfera*

GAS	CONCENTRACIÓN EN 1750	CONCENTRACIÓN ACTUAL	INCREMENTO PORCENTUAL
Bióxido de carbono (CO_2)	280 ppm	400 ppm	43%
Metano (CH_4)	0.7 ppm	1.8 ppm	163%
Óxido nitroso (N_2O)	280 ppb	330 ppb	17%

Fuente: NOAA, 2016b.

en el calentamiento global aproximadamente 30 veces más intenso que el CO_2 (cuadro III.1).

PRINCIPALES FACTORES RESPONSABLES DEL CAMBIO CLIMÁTICO

Hay tres factores fundamentales que generan los problemas que ahora vemos acerca del cambio climático. El primero de ellos es el crecimiento poblacional de nuestra especie, que ha adoptado una tasa exponencial que se mantiene aún en el presente, aunque de manera menos pronunciada que a mediados del siglo pasado (figura III.2). El segundo factor, tanto o más importante que el anterior, es la demanda de energía y recursos que cada habitante del planeta presenta, y que a partir de mediados del siglo XX ha aumentado también en forma exponencial y seguirá haciéndolo en el futuro inmediato. El tercero de los factores es el tipo de tecnologías usadas para el desarrollo económico e industrial del mundo moderno, que en muchos casos ha tenido —y continúa teniendo— efectos negativos sobre el ambiente. La combinación de estos tres factores es el motor que genera el severo impacto negativo sobre la atmósfera y los recursos de la Tierra.

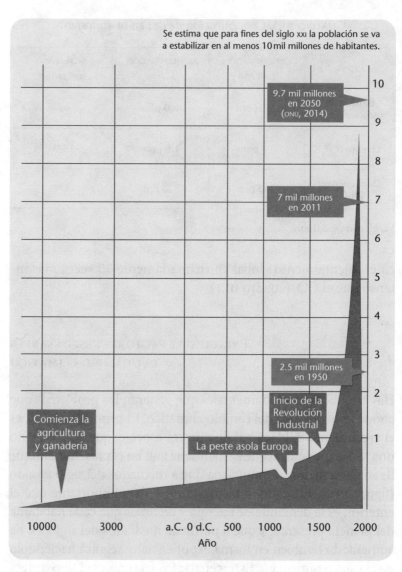

FIGURA III.2. *Crecimiento exponencial de la población. Fuente: Asahi Glass Foundation, 2009.*

Hay que recordar que todo lo que consumimos o usamos, desde el material con el que están hechas nuestras casas, muebles y decoración, los edificios en los que llevamos a cabo nuestras tareas diarias, nuestros autos y el tipo de pavimento de las calles y caminos que usamos, la ropa que vestimos, los alimentos que consumimos, etc., requieren de energía para ser producidos y mantenidos, empacados, transportados desde su punto de origen, distribuidos a las tiendas y a los consumidores y, finalmente, para todo lo que tenemos que hacer para deshacernos de los residuos. Mayoritariamente, la energía requerida para llevar a cabo estas actividades se ha generado con combustibles fósiles. En consecuencia, el estilo de vida que seleccionamos, nuestro grado de consumo de bienes y recursos, los niveles de comodidad que elegimos, etc., tienen un impacto sobre las demandas de energía y consecuentemente sobre las emisiones de gases de efecto invernadero. Sin duda, el mayor consumo de energía ha traído bienestar y altos niveles de vida; ha contribuido a elevar la esperanza de vida y a reducir la mortalidad infantil en algunas partes del planeta. Sin embargo, todo lo anterior ha tenido un costo ecológico severo que aún no comprendemos cabalmente. Aunque se han logrado avances importantes en la intensidad energética en la producción de bienes (la cantidad de energía usada por dólar de valor de un bien), el aumento poblacional, pero especialmente el incremento de demanda energética per cápita, han anulado esas ganancias en eficiencia energética. Entre 1850 y 1970 la población mundial se triplicó, pero las demandas de energía se multiplicaron por 12. Hacia 2002 la población había aumentado 68%, pero la demanda por energía generada

El cambio climático se debe principalmente al incremento de la población, al aumento de la demanda per cápita de energía y de recursos, así como al uso de tecnologías inadecuadas.

con la quema de combustibles fósiles había aumentado 73 por ciento.

El consumo de combustibles fósiles —principalmente petróleo y carbón— que son producto de la transformación de los ecosistemas que existieron hace muchas decenas de millones de años es, sin duda, el factor antropogénico más importante en la generación de gases de efecto invernadero y en promover el cambio climático. Como se ha mencionado, los gases de efecto invernadero han sido parte ancestral de nuestra atmósfera y determinantes del clima actual de la Tierra. Sin embargo, las tasas de acumulación de esos gases de origen antropogénico a partir de la Revolución Industrial, pero especialmente en el último medio siglo, no tienen precedente. La concentración de CO_2 en la atmósfera se mantuvo relativamente estable entre 200 y 280 ppm durante cientos de miles de años. Sin embargo la actividad humana ha incrementado esa concentración a más de 400 ppm en poco más de dos siglos. Las proyecciones de las tasas anuales de incremento de CO_2 por el aumento en las demandas energéticas y de transporte son del orden de 40% entre ahora y el año 2030, debido principalmente a las necesidades de los países en vías de desarrollo. Estas necesidades se habrán satisfecho con combustibles fósiles y sólo una proporción pequeña será cubierta por fuentes renovables de energía, en caso de que no se tomen las medidas necesarias para reducir las emisiones de gases de efecto invernadero (escenario *business as usual*) (figura III.3 y cuadro III.2).

Los aumentos en demanda de energía per cápita han ocurrido, hasta ahora, en mayor medida en los países industrializados. Por ejemplo, en los últimos 10 años los habitantes de los Estados Unidos han escogido conducir autos de mayor tamaño y menor eficiencia en el uso de gasolina, han comprado casas aún más

Entre 1850 y 1970 la población mundial se triplicó, pero la demanda de energía se multiplicó por 12.

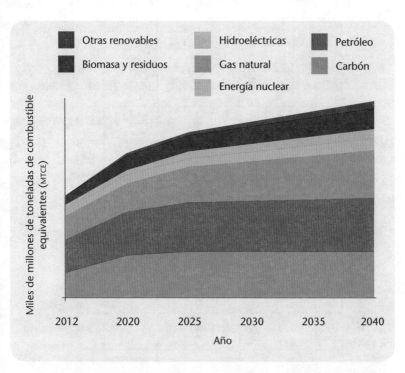

Leyenda:
- Otras renovables
- Biomasa y residuos
- Hidroeléctricas
- Gas natural
- Energía nuclear
- Petróleo
- Carbón

Eje Y: Miles de millones de toneladas de combustible equivalentes (MTCE)

Eje X (Año): 2012 2020 2025 2030 2035 2040

FIGURA III.3. *Proyecciones de la demanda de energía por tipo de combustible; escenario* business as usual. *Fuente: AIE, 2015.*

grandes y costosas para ser calentadas o enfriadas, y se han equipado con más utensilios cada vez. El consumo de petróleo en los Estados Unidos se ha incrementado recientemente en 2.7 millones de barriles diarios más, un aumento que es mayor que todo el consumo diario de la India y Pakistán, que juntos poseen cuatro veces la población de los Estados Unidos (véase el capítulo VI), aunque claramente las economías emergentes más importantes —la India y China— están cambiando este escenario de forma notable en los últimos años.

Sin embargo, el mayor incremento relativo en el consumo de energía ocurre, como es de esperarse, en los países en desarrollo, donde un mayor número de personas tienen niveles de vida muy insatisfactorios (carecen de casas mínimamente

CUADRO III.2. *Consumo global de electricidad 2000-2015 (TWh)*

Región	2000	2001	2002	2003	2004	2005	2006	2007	2008	2009	2010	2011	2012	2013	2014	2015	Tasa de cambio 2001-2015 (%/año)
Global	13190	13380	12440	14370	15010	15650	16300	17110	17440	17330	18520	19110	19560	20170	20490	20570	3
OCDE	8590	8630	4050	8930	9130	9320	9400	9630	9620	9220	9660	9600	9590	9630	9530	9500	1
Europa	3940	4020	4960	4160	4270	4350	4460	4520	4580	4370	4580	4560	4590	4560	4490	4520	1
América	4900	4850	4960	5050	5150	5280	5320	5490	5520	5290	5520	5580	5570	5670	5690	5620	1
Asia	3350	3480	3710	4020	4400	4780	5210	5720	5910	6200	6850	7340	7730	8240	8540	8610	7
Pacífico*	220	230	240	230	240	240	250	260	260	260	260	270	270	260	260	260	1
África	380	380	410	430	450	470	490	520	530	530	560	590	590	600	620	620	3
Medio Oriente	400	420	450	480	500	530	570	600	640	680	750	770	810	840	890	940	6

* Australia y Nueva Zelanda.
Fuente: Enerdata, 2016.

adecuadas en poblaciones no pavimentadas, aún utilizan leña para cocinar y no tienen refrigeradores, entre otras limitaciones). China es actualmente el consumidor más importante de carbón y el tercero en uso de petróleo (después de los Estados Unidos y la Unión Europea), y ya superó a los Estados Unidos en el monto total de sus emisiones de gases de efecto invernadero. Es claro que las tendencias de demanda actual de energía en ese país no pueden mantenerse por mucho tiempo. Por ejemplo, si cada habitante chino llegara a usar tanto petróleo como uno estadunidense promedio de la actualidad, China requeriría 90 millones de barriles de petróleo al día, que equivalen a 11 millones de barriles diarios más que el consumo que todo el mundo tuvo en el año 2002.

Los sectores más demandantes de energía a escala global son el transporte, la industria y el sector doméstico-comercial. El transporte no sólo es el demandante más importante de energía, sino también el sector cuya demanda está creciendo más rápidamente; utiliza alrededor de 30% del consumo energético mundial (figura III.4). El uso de transporte personal (vehículos particulares) representa el factor que incrementa más la demanda de energía para transporte. En 2014 se vendieron un poco más de 71 millones de autos en el mundo, casi 12 veces más de los que se vendieron en 1951. Alrededor de 1 000 millones de vehículos (coches y camiones ligeros) ruedan en calles y carreteras del mundo y 25% de ellos se encuentran en los Estados Unidos, los cuales, junto con los vehículos de carga y transporte, contribuyen tanto al calentamiento global como toda la actividad económica de Japón. Los automovilistas estadunidenses recorren en sus autos una distancia igual que la de todos los otros conductores del mundo sumados. China tuvo el incremento porcentual mayor en número de vehículos.

El transporte no sólo es uno de los demandantes más importantes de energía, sino también el sector cuya demanda está creciendo más rápidamente: utiliza alrededor de 30% del consumo de energía mundial.

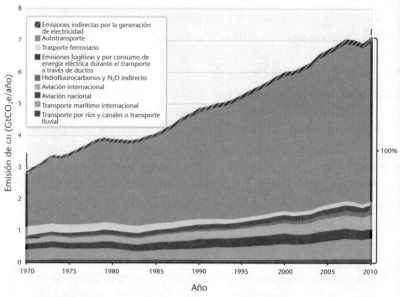

FIGURA III.4. *Emisión directa de gases de efecto invernadero por distintos tipos de transporte en Estados Unidos. Fuente: adaptado de* IPCC, 2014a.

Deforestación para fines agrícolas y pecuarios

Además de ser la causa más importante de pérdida de diversidad biológica, la deforestación constituye la cuarta causa del incremento de CO_2 en la atmósfera. Es importante recordar que la fotosíntesis juega un papel fundamental en la absorción de este gas, pues lo convierte en carbohidratos y regenera el oxígeno. La deforestación tiene un efecto nocivo, ya que reduce las áreas de captación del CO_2, convierte los ecosistemas originales en sistemas menos diversos, con mucha menor biomasa, y los torna menos estables; todo lo anterior genera una retroalimentación severa con el calentamiento global. Estudios del Jet Propulsion

La deforestación es la cuarta causa del incremento del CO_2 en la atmósfera, además de la causa más importante de pérdida de biodiversidad.

Laboratory de la NASA indican que la temperatura del aire superficial en el estado de California es ahora 2 °C más alta que hace medio siglo, debido a los profundos cambios que se han llevado a cabo en el territorio de ese estado, tanto para el desarrollo agrícola como para el urbano.

La deforestación ha ocurrido desde hace miles de años como consecuencia de la revolución agrícola y la apertura permanente de ecosistemas naturales para la producción de alimentos para una creciente población, pero ha tenido un incremento sin precedentes a partir del siglo XIX siguiendo la pauta de un crecimiento demográfico exponencial. Entre 1950 y 1980 la agricultura se extendió en más ecosistemas naturales que en los siglos XVIII y XIX juntos. Cada año se pierden arriba de 12 000 000 ha de bosques y selvas, de los cuales la mayor parte se encuentra en las zonas tropicales. La mitad de las 1 500 a 1 600 millones de hectáreas originales de selvas tropicales del mundo se ha perdido en la actualidad y algunos pronósticos indican que, si las tendencias actuales de deforestación tropical persisten, para el año 2030 quedará relativamente bien preser-

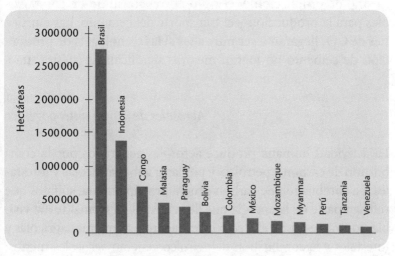

FIGURA III.5. *Países con mayor deforestación anual de 2001 a 2014. Fuente: elaborada con datos del Global Forest Watch Climate.*

vado únicamente 10% de las selvas del mundo. La figura iii.5 ilustra cuáles países presentaron las mayores tasas de deforestación de 2001 a 2014, y el nuestro se encuentra en este grupo. Aunque no conocemos con precisión la superficie forestal que perdemos en México, se calcula que dicha pérdida debe ser del orden de 200 000 hectáreas anuales, la mayor parte en las zonas tropicales.

Industria cementera

Debido al proceso de producción que utiliza la industria cementera, ésta se coloca como la tercera fuente de emisión de bióxido de carbono, después de la generación de la electricidad y del transporte vehicular. La energía utilizada en el proceso de fabricación de cemento genera alrededor de 5% del total de CO_2 emitido en el mundo. En el año 2000, esta industria a nivel mundial emitió poco más de 1 300 millones de toneladas de CO_2; cada kilo de cemento producido emite, en promedio, 0.85 kg de CO_2; la mitad de las emisiones de este gas se da por el proceso mismo de producción, y el resto por el consumo de combustibles para la producción y el transporte del cemento. Las emisiones de CO_2 llegarán a ser muy altas si las tecnologías de producción de cemento no logran mejoras significativas (figura iii.6).

Aerosoles de origen antropogénico

La actividad humana produce aerosoles generados por la combustión de carbón y petróleo, y por las quemas agrícolas y forestales. La combustión de carbón genera principalmente sulfatos que reflejan parte de la energía que llega del Sol en forma de luz visible, contrarrestando el efecto invernadero. Las quemas agrícolas y forestales y la combustión de petróleo generan aerosoles mixtos; algunos reflejan parte de la energía como los sulfatos; sin embargo, otras partículas negras conocidas como hollín o carbón negro

68

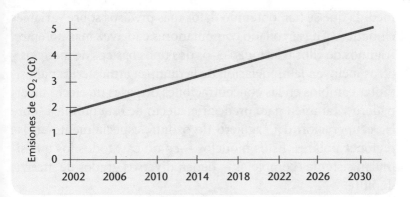

FIGURA III.6. *Proyección de emisiones de CO$_2$ por la industria cementera en el mundo. Fuente: www.wbcsd.org.*

absorben la radiación visible e infrarroja calentando la atmósfera. Estas partículas pueden ser especialmente nocivas para la población humana en la atmósfera de los centros urbanos.

MODELOS GLOBALES DE CAMBIO CLIMÁTICO

Las tendencias de cambio climático, especialmente las referentes a temperaturas, se han tratado de interpretar desde hace varias décadas con modelos de cambio climático de los que Syukuro Manabe, físico atmosférico japonés, fue pionero en las décadas de 1970 y 1980, hasta el desarrollo de los modelos actuales que se han ido perfeccionando conforme se ha obtenido mejor información sobre las interacciones de circulación atmosférica y marina, y sus efectos sobre masas continentales. En la actualidad existen varios de estos modelos globales que han sido la base para las proyecciones que el IPCC ha emitido.

Los modelos globales de simulación de cambio climático varían desde simples prototipos de circulación atmosférica hasta otros mucho más elaborados; están basados principalmente en modelos atmosféricos u oceánicos y funcionan con algoritmos computacionales muy complejos que han ido evolucionando a

69

medida que se han obtenido datos más precisos sobre variables climáticas y desarrollado computadoras cada vez más potentes. Algunos de ellos relacionan estos dos tipos básicos de modelos y otros incluyen la modelación de la química atmosférica para simular cambios en las concentraciones de gases de efecto invernadero y también para predecir el efecto de esta química sobre la recuperación del "agujero de ozono", especialmente en las regiones polares. Estos modelos —como casi todos los que simulan sistemas complejos— tienen diversos grados de incertidumbre.

CONSECUENCIAS DEL CAMBIO CLIMÁTICO

Incremento de la temperatura

La consecuencia directa más clara de la modificación del clima por el efecto de la acumulación de gases de invernadero en la atmósfera es la elevación de la temperatura media de la superficie del planeta, lo cual es el factor que dispara el cambio climático. En las conversaciones informales se habla indistintamente de cambio climático y de calentamiento global como sinónimos, lo cual no es del todo correcto. Este incremento de temperatura no ocurre necesariamente de manera homogénea en todas las regiones del planeta; en algunos lugares la temperatura puede incluso disminuir, y en otros aumentar significativamente; por eso nos referimos al valor promedio de la temperatura de la superficie de la Tierra. Este ascenso de la temperatura promedio de la superficie del planeta genera cambios considerables en otros componentes del sistema climático, y tiene consecuencias físicas que a su vez generan modificaciones que afectan el clima y las condiciones de vida de grandes núcleos de población.

La evidencia más directa del aumento de la temperatura media del aire son las mediciones con instrumental en las estaciones meteorológicas del planeta. El promedio de los registros mundiales de temperatura del aire muestra un aumento de entre 0.5 °C y 1 °C en los últimos 150 años, aunque el aumento más pronunciado se presenta en los últimos 50 años. Basados en estos cambios y en los incrementos proyectados en diferentes escenarios de emisiones globales de gases de efecto invernadero, se han modelado distintas elevaciones futuras de la temperatura en la Tierra en función de las emisiones resultantes de los diversos escenarios. Una de las consecuencias inmediatas del incremento de la temperatura promedio de la superficie del planeta es la aceleración del proceso de deshielo de los casquetes polares y de los glaciares de las altas montañas del mundo. El hielo marino ártico se ha reducido dramáticamente y la tasa de pérdida se ha acelerado. En septiembre de 2016, la extensión de hielo marino del Ártico se situó en 4.14 millones de kilómetros cuadrados. Éste es el segundo punto más bajo de la historia, sólo encima del mínimo histórico de 2012 en el que llegó a 3.38 millones de kilómetros cuadrados.

Incremento del nivel del mar

La cantidad de agua almacenada en los casquetes polares y en la cubierta de hielo de Groenlandia es enorme; sin embargo, el efecto que tendrían en la elevación del nivel del mar al fundirse esas masas de hielo no ocurre con las mismas consecuencias. La capa de hielo (de unos tres metros de espesor) que flota sobre el océano Ártico en el polo Norte no causaría diferencia alguna en el nivel del mar si se llega a fundir totalmente; en cambio el hielo que se encuentra sobre porciones de tierra firme como en Groenlandia y la Antártida modificaría grandemente el nivel del mar si llegara a fundirse del todo. En el primer caso elevaría el nivel del mar hasta siete metros, y en el segundo, la pérdida de todo el hielo antártico elevaría el nivel del mar hasta 70 metros. Ninguno de los modelos que simulan los cambios en el nivel del mar por la elevación de la temperatura para el presente siglo prevé una situación tan extrema como las mencionadas, y hay una importante variabilidad entre unos modelos y otros. De acuerdo con el *Quinto informe de evaluación* del IPCC, la proyección más probable del incremento del nivel del mar para el año 2100 es de aproximadamente 65 a 75 cm en promedio. Es decir, en algunos sitios podría superar los 1.5 m. Pero se reconoce la posibilidad de que pueda incrementar considerablemente más.

Lo que sí es claro es que los modelos que se han utilizado para predecir los procesos de fundición de los hielos polares han subestimado de manera importante lo que ha estado pasando en la realidad: los casquetes polares se han ido fundiendo a una velocidad sensiblemente mayor que la predicha por los modelos. Se visualizaba como una posibilidad muy clara que el océano Ártico fuera transitable por barcos durante al menos el verano, lo cual ya sucede y permite un pasaje marino muy corto entre el Atlántico Norte y el Pacífico que podrá volver obsoleto, al menos parcialmente, al Canal de Panamá. Se presentarán daños a la mayor parte de los puertos del mundo por la elevación del nivel del mar, se complicarán los sistemas de drenaje en esas ciudades, además de la inundación de importantes extensiones habitadas que apenas se elevan o incluso se hallan por debajo de la cota del nivel del mar, como porciones de Bangladesh o de los Países Bajos. Los datos proporcionados por el satélite TOPEX/Poseidón reportan tasas de elevación del nivel del mar de unos 3 mm por año desde 1992. Sin embargo, las observaciones permanentes en la capa de hielo de Groenlandia y la Antártida reflejan tasas mayores de pérdida de hielo de las predichas. En estas zonas existe la posibilidad de desprendimientos de bloques de hielo de gran espesor por las grietas que se están formando al derretirse el hielo superficial. En la última década, las mediciones de deshielo en Groenlandia arrojan cifras que aumentan de 90 a 200 km^3 de hielo por año.

Un fenómeno asociado es la retracción de un gran número de glaciares de los sistemas montañosos más importantes del mundo como los Alpes, los Andes y los Himalayas. Aparte de contribuir a la elevación del nivel del mar, la fundición de estas masas de hielo genera dos serios problemas. El primero es la reducción del caudal de los ríos que alimentan a las poblaciones que penden de ellos. Por ejemplo, los Himalayas nutren los ríos de que depende cerca de 40% de la población mundial —como los ríos Ganges, Brahmaputra, Yangtsé (en chino, Cháng Jiāng) y Amarillo (Huáng Hé)—, que se encuentran en la India, Pakistán, Bangladesh y China. El segundo problema es la formación de enormes lagos o represas en las morenas de los glaciares que, al romperse, pueden inundar catastróficamente poblaciones muy densas aguas abajo.

Incremento de huracanes de gran intensidad

La elevación de la temperatura del mar por el cambio climático global tiene como resultado un fenómeno que afecta directamente a México. Se trata de la intensificación de los huracanes o ciclones, fenómenos meteorológicos que, al elevarse la temperatura del mar, generan vientos de aire más caliente, mucho más intensos y más cargados de agua, la cual se evapora de la superficie marina en mayor cantidad. Lo anterior sucede en algunas regiones del mundo en las que ocurren estos fenómenos. En años recientes ha habido un número significativo de ciclones, huracanes y tifones de gran intensidad, como se puede ver en la figura III.7. Aunque estos eventos hubieran ocurrido en ausencia del cambio climático, su intensidad sí se ha visto afectada por éste. Los efectos de estos meteoros en México han sido devastadores, tanto en las zonas costeras como en las montañosas, especialmente en las regiones donde ha habido grandes procesos de deforestación, como en las montañas de Chiapas, en la Sierra Madre del Sur, en Guerrero y el norte de Oaxaca, y en Veracruz (capítulo v).

Los casquetes polares se han ido fundiendo a velocidad sensiblemente mayor que la predicha. El océano Ártico ya empieza a ser transitable por barcos durante el verano.

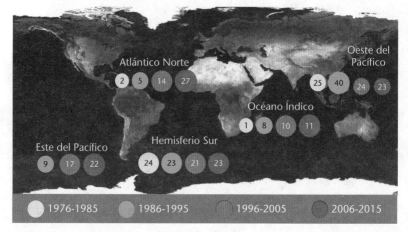

FIGURA III.7. *Número de huracanes intensos (categorías 4 y 5) en todos los mares de 1976 a 2015. Fuente: Commonwealth of Australia, 2010, Bureau of Meteorology (ABN 92 637 533 532); National Oceanic and Atmospheric Administration National Hurricane Center; National Oceanic and Atmospheric Administration; India Meteorological Department; WMO Regional Specialized Meteorological Centre-Tropical Cyclones, New Delhi; Météo France (RSMC La Réunion).*

Cambios abruptos del clima

El sistema que controla el comportamiento de la atmósfera y sus relaciones con el océano y las masas terrestres es muy complejo. En este sistema hay diversos factores que no actúan de manera lineal, y por lo tanto no es fácilmente predecible. En consecuencia, los fenómenos climáticos y su influencia sobre la Tierra tampoco son sencillos de predecir a partir de cambios conocidos, como el aumento de bióxido de carbono en la atmósfera.

En las últimas dos décadas, el número de ciclones, huracanes y tifones de gran intensidad ha incrementado en promedio 26% a nivel global; no obstante, en algunas regiones como el Atlántico, el Este del Pacífico y el Índico ha aumentado su frecuencia 5, 3 y 1.4 veces, respectivamente.

Pueden ocurrir cambios imposibles de pronosticar —con consecuencias impredecibles— al llegar a un umbral desconocido desde el cual puede dispararse una transición a un nuevo estado, a una velocidad muy superior a la del factor que causó ese cambio. Existen procesos caóticos en el sistema climático que provocan que un cambio abrupto ocurra a partir de uno muy pequeño e indetectable del factor causante; un ejemplo sería el incremento de gases de efecto invernadero en la atmósfera.

Lo abrupto del cambio debe entenderse como una modificación que ocurre de manera tan rápida e inesperada que, en una escala humana de tiempo (es decir, de varias o muchas generaciones), la sociedad no tiene manera de adaptarse a él sin costos sociales y económicos enormes. Con frecuencia esos cambios abruptos son irreversibles; por ejemplo, la extinción de una especie debido a un cambio en el clima al cual esa especie no pudo adaptarse. La literatura reciente sobre cambios abruptos indica que, cuando la temperatura promedio de la superficie de la Tierra alcance ciertos puntos críticos (ciertamente no bien conocidos), puede suceder que algunos elementos del sistema climático lleguen a un nuevo estado y que éste sea prácticamente irreversible con graves consecuencias para la humanidad; por ejemplo, el derretimiento de la cubierta de hielo de Groenlandia, la desaparición del sistema selvático del Amazonas o del bosque boreal (taiga), y la disminución de las lluvias del monzón en Asia, uno de los principales productores de alimentos del mundo. Es decir, una vez que se alcance ese "punto crítico", un pequeño cambio adicional en la temperatura puede tener un impacto desproporcionadamente grande en el clima.

Cuando la temperatura promedio de la superficie de la Tierra alcance ciertos puntos críticos puede suceder que algunos elementos del sistema climático lleguen a un nuevo estado y que éste sea prácticamente irreversible, con graves consecuencias para la humanidad.

IV. La respuesta de los ecosistemas y de las especies al cambio climático, y su impacto en la salud humana

La consecuencia del cambio climático más difícil de mitigar es la pérdida de la biodiversidad, y la que resulta imposible de revertir es la extinción de especies.

RESPUESTA DE LOS ECOSISTEMAS Y LAS ESPECIES AL CAMBIO CLIMÁTICO

Fisonomía y fenología

A escala global, el clima es un determinante primario de la distribución de los tipos de vegetación y, en consecuencia, de la biodiversidad. La influencia de las condiciones de humedad y temperatura de una región son tan importantes en las plantas, que grupos muy poco relacionados evolutivamente adoptan formas muy similares bajo climas iguales en localidades geográficas muy distantes. Tal es el caso de las cactáceas en México y las euforbiáceas en muchas partes de África. Estas similitudes de forma (o fisonómicas) se reconocieron desde el siglo XIX por botánicos como Alphonse de Candolle, quien relacionó los tipos de vegetación con los climas. Posteriormente, climatólogos como W. P. Köppen desarrollaron sistemas de clasificación climática más refinados, basados en la clasificación que hizo De Candolle. México, debido a su ubicación latitudinal, su topo-

México, debido a su ubicación latitudinal, su topografía y la influencia de los mares que lo afectan, contiene casi todos los tipos de ecosistemas del mundo.

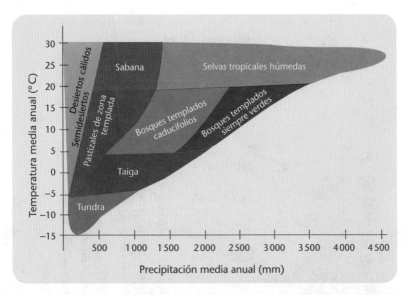

FIGURA IV.1. *Patrón de distribución de biomas en el mundo. Fuente: Raven y Johnson, 1999.*

grafía y la influencia de los cuatro mares que lo afectan, contiene casi todos los climas del mundo (véase la figura II.10).

Los ecosistemas del mundo se han agrupado en biomas —regiones definidas por una vegetación característica— que responden a climas específicos y por lo tanto presentan un patrón de distribución específico en el planeta (figuras IV.1 y IV.2). Sin embargo, esa relación parcialmente clara entre climas y vegetación a escala global se vuelve más compleja en una escala regional o local. Esto se debe, por una parte, a que los promedios ocultan variaciones importantes y, por la otra, a que otros factores como la geología, el tipo de suelos y la topografía local modifican significativamente las condiciones ecológicas del lugar y en consecuencia la respuesta de la vegetación. Además, la variación estacional de los mismos valores de temperatura y precipitación, aunque resulten en promedio muy similares, generan respuestas muy diferentes en la vegetación. Éste es un ejemplo: dos zonas reciben 1 500 mm de precipitación anual y una temperatura me-

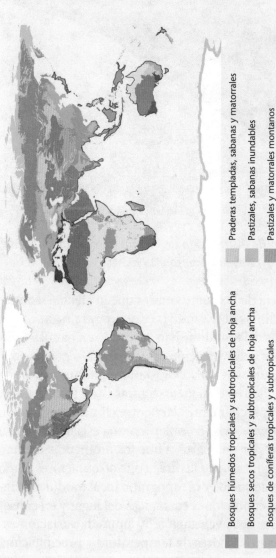

Praderas templadas, sabanas y matorrales

Pastizales, sabanas inundables

Pastizales y matorrales montanos

Tundra

Bosques esclerófilos y matorrales mediterráneos, chaparral

Desiertos y matorrales esclerófilos

Manglares

Bosques húmedos tropicales y subtropicales de hoja ancha

Bosques secos tropicales y subtropicales de hoja ancha

Bosques de coníferas tropicales y subtropicales

Bosques templados de hoja ancha y bosques mixtos

Bosques de coníferas templados

Bosques boreales/taigas

Praderas tropicales y subtropicales, sabanas y matorrales

FIGURA IV.2. *Biomas del mundo. Fuente: Olson et al., 2001.*

dia de 20 °C; en la primera hay un periodo de secas de cuatro o cinco meses y presenta una vegetación cuyos componentes se quedarán en su mayoría sin hojas durante esa época, mientras que la segunda, con una distribución homogénea de la lluvia en el año, tendrá un bosque con especies que no pierden las hojas simultáneamente y se verá siempre verde. Estas respuestas a las condiciones climáticas estacionales se conocen como respuestas fenológicas e incluyen también tiempos de floración y fructificación que normalmente están acoplados a las condiciones climáticas.

Por las razones anteriores, la predicción de la vegetación basada en grandes promedios y a escalas globales o continentales tiene muchas limitaciones, como ocurre si se compara el mapa global de biomas de México con el de los tipos de vegetación mexicanos que fueron descritos originalmente por Faustino Miranda y Efraín Hernández (1963) y posteriormente por Jerzy Rzedowski (1978). Es el balance hídrico de una zona (la evapotranspiración anual y el déficit hídrico de la zona), más que la precipitación total o la temperatura media, el que define de mejor manera el tipo de vegetación que puede ocurrir en ella.

Las características fisonómicas de las plantas son un elemento adicional que define el tipo de vegetación de una localidad. En general, las especies llamadas tropicales no resisten temperaturas menores a 10 °C, lo cual define un límite térmico en su distribución. Otras plantas, como las de zonas áridas, pueden resistir heladas gracias a sus adaptaciones, que disminuyen el volumen de agua de sus tejidos blandos para que no se formen los cristales que rompen los tejidos en temperaturas de congelación. Otras especies tienen adaptaciones que les evitan el estrés hídrico de temporadas calientes y secas, porque se deshacen de sus hojas en estos periodos. El número de estas respuestas fisonómicas a las diferentes combinaciones de factores climáticos es muy extenso para tratarlo en esta sección, y es el que permite la gran variedad de formas y comunidades que podemos ver en las diversas regiones de nuestro país.

Respuesta de las poblaciones
y especies al cambio climático

Las plantas y los animales responden a cambios climáticos en escalas temporales mayores a las de la estacionalidad anual, además de sus expresiones fisonómicas y fenológicas, por movimientos migratorios. Desde luego, las especies de mayor movilidad como las aves o los grandes mamíferos pueden tener respuestas más rápidas a esos cambios en el clima que los reptiles, los anfibios o las plantas. Así ocurrieron las grandes migraciones de organismos en respuesta a los procesos de glaciación y deshielo. En ese caso, muchos de los organismos tuvieron la oportunidad de responder al cambio del clima con movimientos migratorios en la dirección de los climas más favorables porque el proceso de cambio ocurrió con relativa lentitud, a lo largo de decenas o cientos de miles de años. Pero cuando esa alteración sucede en pocas décadas —como en el presente— la situación tiene otras consecuencias para los organismos sujetos a esos cambios más súbitos.

Las actuales tasas de cambio de las condiciones climáticas globales han despertado el interés y la preocupación de la sociedad, y son el origen de muchos estudios para comprender y predecir qué tipo de modificaciones se esperarán de los ecosistemas en respuesta a ese cambio climático. Éste es un tema por demás difícil y complejo. Apenas se conocen las respuestas fisiológicas y de comportamiento de unos cuantos cientos de especies, en particular vertebrados y algunas plantas (fundamentalmente árboles) de zonas templadas; con todo, el conocimiento de cómo responderá un pequeño conjunto de especies de una región a determina-

---

Las grandes migraciones de organismos (en respuesta a las glaciaciones y deshielos) ocurrieron a lo largo de decenas o cientos de miles de años, pero en la actualidad los cambios del clima están ocurriendo en pocas décadas, con altos riesgos para las especies.

dos cambios, básicamente de temperatura, provee información muy limitada para predecir el comportamiento del ecosistema entero donde se encuentran dichas especies.

La mayor parte de los estudios analiza la respuesta de los organismos a cambios en la temperatura, con varios niveles de incertidumbre, en los que hay diversas evidencias de cambios poblacionales, de fenología y de comportamiento; las relaciones con cambios en la precipitación son aún poco conocidas. Las respuestas a la combinación de ambos elementos (temperatura y precipitación) y su sinergia con otros elementos, como disponibilidad de agua en el suelo, cambios en las características de los suelos, química atmosférica, son prácticamente inexistentes. Los efectos de incremento de temperatura serán mucho más marcados en latitudes altas (al norte y sur de los hemisferios) que en las zonas intertropicales.

Tenemos evidencias en el campo, tanto experimentales como observacionales, de que el aumento de 1 °C de temperatura puede generar un incremento de entre 10 y 30% en las tasas de respiración en plantas, sin que se eleve necesariamente la tasa de fotosíntesis. Lo anterior significa que en estas condiciones habrá mayores emisiones de CO_2 y de metano, con niveles similares o incluso menores de productividad primaria neta, es decir, la cantidad de biomasa que se produce por la fotosíntesis y que se fija en los tejidos de las plantas.

Existe ya una buena cantidad de observaciones en los patrones fenológicos (reproducción, producción de yemas de hojas, caída de las mismas, etc.) de plantas de zonas templadas que permiten conocer, aunque sea de manera inicial, su respuesta a cambios climáticos, especialmente referentes a la temperatura. Por ejemplo, la floración en muchas plantas del Reino Unido se adelanta entre siete y 10 días con un incremento de temperatura de 2.5 °C; la producción de nuevas hojas al inicio de la primavera sólo ocurre si ha existido en el invierno un periodo de frío bien definido, y la caída de hojas en el otoño se atrasa considerablemente por el alargamiento de las temporada de temperaturas más altas que retrasan las heladas. En general, las plantas de altas latitudes o elevaciones muestran mayor sensibilidad a cambios térmicos debido a que, por un lado, en esas regiones los cambios de clima (temperatura) son más pronunciados y, por el otro, a que todas esas especies han tenido una historia evolutiva de selección de comportamiento estacional.

En contraste, en las zonas intertropicales libres de estaciones con variabilidad térmica marcada hay menos respuesta a cambios térmicos pero mayor respuesta a cambios en la disponibilidad de agua en el suelo por la estacionalidad de la precipitación. Cambios en la temporada seca generarán cambios fenológicos importantes afectando la floración de las plantas, la interacción planta-animal (como la herbivoría), la polinización, etcétera.

En lo que se refiere a la respuesta de animales, mayores temperaturas estimulan una mayor velocidad en el proceso de metamorfosis de los ectodérmicos, es decir, los que no tienen capacidad metabólica interna de regular la temperatura de su cuerpo —todos los insectos o los reptiles—. Lo anterior puede significar más generaciones por año de especies de vida corta (insectos) y posiblemente con menores tamaños corporales. Los insectos dependientes de la temperatura para volar pueden cambiar sus hábitos reproductivos y alimentarios afectando el tamaño de su población y a las especies de las que se alimentan o de las que son fuente de alimento. El periodo de "descanso" de muchas poblaciones de insectos (conocida como diapausa), en la que se encuentran en un estado de latencia como huevecillos en el suelo o en diferentes partes de la vegetación, se altera también por cambios en la temperatura.

Los cambios fenológicos de plantas y animales podrán representar modificaciones importantes en la disponibilidad de alimento para depredadores y herbívoros, que pueden ser tan severos que significarían la desaparición de especies o de sus poblaciones; sin embargo, los resultados de esas interacciones son en su mayoría desconocidas por los ecólogos. Un grupo especialmente afectado son las especies migratorias, ya que muchas de ellas acoplan sus procesos migratorios por elementos del fotoperiodo (es decir, por lo largo del día) y no por las variaciones en la temperatura. Pero también existe "la otra cara de la moneda": los animales que pueden regular internamente su temperatura podrán gastar menos energía y tiempo para esta función y aprovecharla para obtener más alimento, buscar mejores sitios para anidar, tener más tiempo para encontrar a sus presas, etcétera.

Otros fenómenos como los reproductivos —desde el cortejo hasta la generación de progenie— presentan en muchas de las especies animales observadas (también en las latitudes altas) adelantos de hasta dos a tres semanas en muchos grupos y regiones (véase Root y Hughes, 2005). Igual que en las plantas, los cambios observados en los animales en relación a cambios de temperatura son más marcados en altas latitudes que en los trópicos. De los grupos estudiados, las aves son mucho más sensibles que otros grupos animales; los árboles, por su parte, parecen ser menos sensibles a estos cambios.

Las marcadas diferencias en la respuesta de los diversos grupos de organismos pueden significar asincronías serias en la obtención de alimentos, en el éxito de hallar sitios para la reproducción, o competencia con otras especies con las que antes no había conflicto en la obtención de algún recurso (alimento, agua, espacios reproductivos, etc.). Como resultado del análisis de un grupo de especies de zonas templadas (alrededor de 700 especies animales) entre 1950 y 2000, se encontró un patrón de cambio significativo de dos a siete días por década de adelanto de atributos fenológicos, relacionados con el "inicio térmico" de la primavera.

Un conocido ejemplo ilustra claramente este problema de asincronías entre especies totalmente diferentes, pero que dependen entre sí (figura IV.3). Se trata de un estudio de aves migratorias de los Países Bajos en relación con la disponibilidad de alimento para los adultos y los polluelos en la época de nidificación. El alimento de las aves lo constituyen orugas de una mariposa que depende directamente de la temperatura del aire para

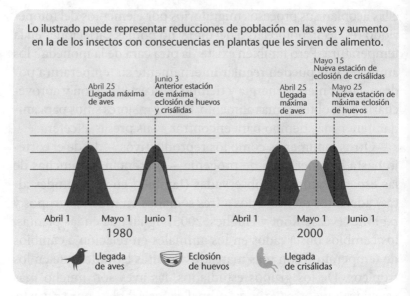

Lo ilustrado puede representar reducciones de población en las aves y aumento en la de los insectos con consecuencias en plantas que les sirven de alimento.

Abril 25
Llegada máxima
de aves

Junio 3
Anterior estación
de máxima
eclosión de huevos
y crisálidas

Mayo 15
Nueva estación de
eclosión de crisálidas

Abril 25
Llegada
máxima
de aves

Mayo 25
Nueva estación de
máxima eclosión
de huevos

Abril 1   Mayo 1   Junio 1
            1980

Abril 1   Mayo 1   Junio 1
            2000

Llegada
de aves

Eclosión
de huevos

Llegada
de crisálidas

FIGURA IV.3. *Cambios en la disponibilidad de alimento para aves en los Países Bajos, en los años 1980 y 2000. Fuente: Both et al., 2006, citado en Gore, 2006.*

llevar a cabo su proceso reproductivo y de metamorfosis. El adelanto de la primavera por días más calientes al final del invierno o principio de la primavera dispara el proceso de desarrollo de los huevecillos, previamente puestos por los adultos, y por lo tanto del proceso por el cual emergen las orugas —que sirven de alimento a las aves— para luego transformarse dentro de un capullo en las mariposas adultas. Las aves no modifican su época de cortejo, producción de huevos y anidamiento porque no responden de igual manera que las mariposas a los cambios en temperatura de fines del invierno y principio de la primavera. Los polluelos salen del cascarón en la misma temporada de siempre, pero las orugas que los alimentarán ya se produjeron un par de semanas antes y no habrá la disponibilidad de alimento en las mismas cantidades que cuando el empollado de los huevos y la producción de orugas estaban casi perfectamente sincronizados.

Por lo tanto, la mortalidad de los polluelos se incrementa de manera importante.

La complejidad de las interrelaciones de los organismos que forman parte de un ecosistema y la forma en que se desarrollan diferencias en el comportamiento fenológico de algunas de ellas —resultado de los incrementos de temperatura en el último medio siglo, y que puede influir en muchos de los componentes de la comunidad— se ilustran en un simple esquema propuesto por Root y Hughes (figura IV.4). Esa complejidad es en realidad una visión simplificada de las intrincadas relaciones entre los organismos de una comunidad y los factores físicos del ambiente. En las regiones mejor estudiadas del planeta —que en realidad son sólo unas cuantas— lo que se sabe de dichas relaciones es una sobresimplificación de los cambios reales en la naturaleza.

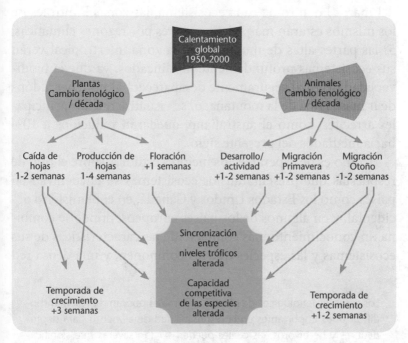

FIGURA IV.4. *Consecuencias ecológicas del calentamiento global. Fuente: Root y Hughes, 2005.*

Respuesta de los ecosistemas al cambio climático

A escala global se han generado varios escenarios del impacto del cambio climático sobre la diversidad biológica; de ellos se pueden derivar algunos patrones generales como los siguientes: *1)* los sistemas más vulnerables a los cambios climáticos serán las islas, los lagos, y algunos sistemas fluviales por su aislamiento y relativa baja diversidad biológica; *2)* los ecosistemas de clima mediterráneo aparecen como particularmente vulnerables porque se darían en ellos serios procesos de desecación y estrés hídrico, lo que afectaría seriamente a las plantas y animales de esas regiones; *3)* por razones de su desarrollo urbano y turístico, los corredores ribereños y zonas costeras estarán sometidos a intensos cambios de origen antropocéntrico que exacerbarán los producidos por cambios en el clima y la elevación del nivel del mar; *4)* dentro de cada ecosistema, las zonas limítrofes de los mismos estarán más sujetas a estrés por razones climáticas; *5)* las partes altas de montañas en la zona intertropical verán sus ecosistemas profundamente modificados, ya que la biodiversidad original seguramente desaparecerá al no tener a dónde ir más arriba de la montaña; *6)* se visualiza que los principales arrecifes, como el australiano, quedarán reducidos a 10% hacia mediados del presente siglo.

Como es de esperarse, los mejores estudios sobre el tipo de respuestas que presentarán los ecosistemas se encuentran en países como los Estados Unidos y Canadá, en el hemisferio occidental, y en algunos de los países europeos, donde se combina un conocimiento más completo de las características de sus ecosistemas y las especies que los componen, y una densa red

Los cambios fenológicos de plantas y animales podrán representar modificaciones importantes en la disponibilidad de alimento para depredadores y herbívoros, las cuales pueden ser tan severas que significarían la desaparición de especies o de sus poblaciones.

de estaciones meteorológicas con largas historias de observación que permiten aplicar de mejor manera modelos generales de cambio climático a una escala local —diversos ejemplos pueden encontrarse en Gates (1993), Peters y Lovejoy (1992), Lovejoy y Hanna (2005) y Root y Hughes (2005)—.

Para algunas comunidades bien conocidas, como los bosques del noreste de los Estados Unidos (Davis y Zabinsky, 1992), sus áreas de distribución se desplazarán entre 500 y 1 000 km hacia el norte en un escenario de duplicación del CO_2 atmosférico. Sin embargo, muchas especies no podrán desplazarse a la velocidad del cambio de la temperatura por el incremento de CO_2, y sus ámbitos de distribución se reducirán grandemente, teniendo como consecuencia poblaciones más pequeñas, lo que reduce la diversidad genética y la plasticidad de adaptación a otros cambios ambientales, lo cual las hace más vulnerables.

El elemento que exacerba el efecto de los cambios climáticos sobre especies, poblaciones y comunidades es el impacto de las actividades humanas. Como Michael Soulé mencionó en una ocasión, el cambio climático "no podía haber llegado en peor momento. [Los cambios que observamos] habrían tenido consecuencias menos desastrosas hace uno o dos siglos" (Soulé, 1992), cuando el impacto humano sobre el planeta era mucho menor. La destrucción de enormes áreas de ecosistemas terrestres y la fragmentación de los ecosistemas sobre un área todavía más extensa imponen condiciones de gran desventaja para la capacidad de respuesta de individuos, poblaciones y comunidades ante los cambios de temperatura, precipitación, disponibilidad de agua, etc. Las innumerables barreras construidas por los humanos (represas, canales, carreteras, centros urbanos) tienen el mismo efecto disruptivo que la fragmentación de ecosistemas sobre las posibilidades de movilidad de organismos y comunidades frente al cambio climático. Una de las preguntas centrales que confrontan los biólogos y ecólogos estudiosos de la diversidad biológica del mundo es si las especies, que nunca en el pasado han confrontado tasas de cambio ambiental tan rápidas como las actuales, podrán movilizarse a la par que las condiciones ambientales que permiten su óptimo desarrollo, o permanecerán rezagadas, sometidas a un proceso más o menos lento, pero inexorable, de extinción.

Como se mencionó, los efectos sinérgicos de la temperatura con factores como la precipitación o la lluvia ácida, la eutrofización, las tasas de deforestación, etc., son desconocidos. Un elemento más que habría que tomar en cuenta para conocer la respuesta de especies en lo individual y de ecosistemas enteros es la adición de nuevas especies, ya sean exóticas invasoras o provenientes de otros ecosistemas, así como la desaparición de las especies locales por migración forzada.

Efectos del cambio climático
sobre los arrecifes coralinos

México posee parte de la segunda barrera arrecifal más grande del mundo, frente a las costas del estado de Quintana Roo. Los arrecifes han sido uno de los sistemas ecológicos más sensibles al impacto de las actividades humanas y sus secuelas, entre ellas el cambio climático. De acuerdo con estimaciones del Millennium Ecosystem Assessment (MEA, 2005), entre una cuarta y una tercera parte de los arrecifes del mundo se habían perdido en 2005 y, de seguir la tendencia actual, para mediados del siglo solamente quedará 10% de la Gran Barrera de Coral de Australia, el sistema de arrecifes más grande del mundo. A esta disminución de los corales contribuyen, por un lado, la elevación de la temperatura del agua marina, que produce el llamado "blanqueo" de los corales y, por el otro, la acidificación del mar por la alta concentración de bióxido de carbono y de óxidos de nitrógeno en la atmósfera. Al debilitarse los corales por estos efectos, se vuelven susceptibles a los ataques de depredadores y de varios microorganismos patógenos.

Otros elementos nocivos para los corales, no relacionados con el cambio climático, son la contaminación de origen humano, desde derrames de petróleo hasta sustancias químicas de diverso tipo, y los efluentes de las zonas urbanas turísticas en lugares donde estos arrecifes se desarrollan, además del azolve por los suelos que son arrastrados en zonas deforestadas.

El cambio climático y las áreas naturales protegidas

Los organismos de latitudes norte, en el límite sur de distribución de su especie, serán los primeros afectados con el cambio térmico y podrán constituirse en "poblaciones fósiles", es decir, la especie estará presente con un cierto número de individuos, pero las poblaciones ya no tendrán viabilidad para permanecer y reproducirse, e irán extinguiéndose a medida que los individuos más viejos vayan muriendo.

Por lo anterior, la gestión de las áreas naturales protegidas (ANP) requiere de una atención muy especial, tanto para mantener lo mejor posible las características y la utilidad de las actuales, como para planificar la ubicación y forma de las futuras. El papel de los corredores biológicos que interconectan diferentes ANP cercanas entre sí será central en dicho diseño para permitir vías de migración protegida a los componentes de los ecosistemas que se preserven en ellas.

Impacto del cambio climático en los ecosistemas de México

Los escenarios de posibles afectaciones a la biodiversidad de México se basan en los modelos generales de cambio climático global, usados por el IPCC, que son de muy baja resolución para nuestro país. Algunos de los patrones de cambio global de la biodiversidad se aplican igualmente a México; por ejemplo, el que la vegetación de las altas montañas se verá fuertemente afectada y sustituida, o que los lagos continentales se verán seriamente dañados por la elevación de la temperatura, y como resultado de ello las especies endémicas de peces que contie-

89

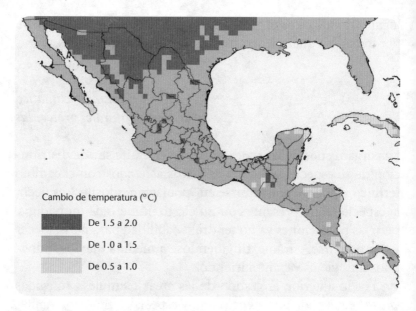

Cambio de temperatura (°C)

De 1.5 a 2.0

De 1.0 a 1.5

De 0.5 a 1.0

FIGURA IV.5. *Cambios futuros de temperatura en México para el año 2020.*
Fuente: CICC, 2014.

nen podrían extinguirse. Existen varios escenarios de cambio
de temperatura, precipitación y evapotranspiración para México, como el de temperatura de la figura IV.5.

Rodolfo Dirzo (2001), basándose en los modelos generales de
cambio climático, llevó a cabo algunos acercamientos para
describir escenarios de cambio de la biodiversidad en México
(figura IV.6). Este autor encuentra que los ecosistemas más
vulnerables al cambio climático podrían ser los bosques de
pino y abeto que crecen por arriba de 2 800 metros sobre el nivel del mar (msnm); los bosques de niebla y de lauráceas que se

En México, comunidades vegetales, como las de las altas montañas,
se verán fuertemente afectadas y sustituidas, y los lagos continentales
resultarán seriamente dañados por la elevación de la temperatura: las
especies endémicas que contienen podrían extinguirse.

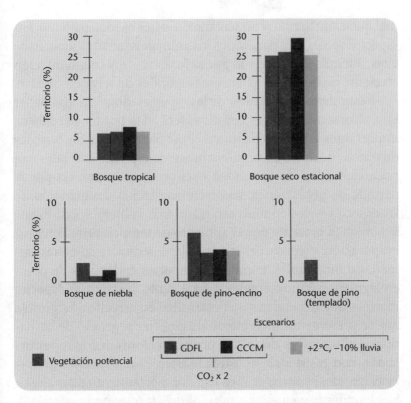

FIGURA IV.6. *Cambios esperados en ecosistemas boscosos de México bajo tres escenarios de cambio climático (GDFL: Geophysical Fluid Dynamics Laboratory; CCCM: Canadian Climate Center Model). Fuente: Dirzo, 2001.*

encuentran en una angosta franja de las sierras entre 1 800 y 2 200 msnm. La barrera de arrecifes de Quintana Roo también se encuentra en condiciones especialmente vulnerables, ya que además de los factores mencionados como efecto del aumento de la temperatura, está afectada por el desarrollo turístico en gran parte de la costa de ese estado, y por las intensas emisiones de drenaje sin tratar y de agroquímicos usados para la producción de alimentos. Aunque no parece que habrá variación importante de la temperatura en las zonas tropicales húmedas, sí es posible que haya variaciones con tendencia a la disminución de la precipitación, lo cual representaría un estrés hídrico para muchas especies vegetales y para todos los animales que se alimentan de ellas, además de la presión por deforestación y fragmentación creciente de las pocas extensiones grandes de selva en México.

Resumiendo, en el nivel de las especies, donde podrá haber las mayores afectaciones negativas será en la posible pérdida de importantes especies endémicas, especialmente de los bosques de niebla, bosques de pino/encino, y de especies animales con poca capacidad de movilidad —el proceso empezaría por la pérdida de poblaciones para terminar con la desaparición de las especies—; los anfibios serán aún más vulnerables de lo que lo son en el presente por el aumento de temperatura, la mayor evaporación y consecuentemente la desecación de zonas húmedas o inundables; también las especies endémicas de peces en lagunas epicontinentales y, finalmente, numerosas especies marinas que dependen y se desarrollan en arrecifes. Es posible que se presente un incremento de especies vegetales de las llamadas pioneras, es decir, que primero colonizan zonas perturbadas, con resistencia al estrés hídrico, como muchas gramíneas (zacates) y otros grupos con comportamiento de malezas; los mamíferos pequeños y propios de sistemas de matorrales y pastizales podrán también aumentar en número.

Cambio climático y pérdida de diversidad biológica: dos caras de la misma moneda

A pesar de que ambos son problemas ambientales globales de igual nivel de importancia, de iguales consecuencias catastróficas para todas las sociedades, y están íntimamente correlacionados, el cambio climático ha recibido mayor atención social y por los medios de comunicación. Esto es una circunstancia desafortunada, y hay razones para ello.

1. Aun con la complejidad que tienen los fenómenos involucrados en el cambio climático como consecuencia de la creciente concentración de gases de efecto invernadero en la atmósfera que resultan del uso de combustibles fósiles y de industrias como la cementera, no se comparan con la complejidad de los ecosistemas terrestres y marinos, y resultan ser procesos más predecibles que los involucrados en los ecosistemas.

2. Los cambios en el clima ya han dejado sentir sus efectos de manera catastrófica en las sociedades; por ejemplo, con la severidad de los ciclones y huracanes, las consecuentes inundaciones devastadoras, las sequías pronunciadas o las decenas de miles de muertes por los golpes de calor en el verano. Si bien ese tipo de efectos inmediatos no se han percibido por la sociedad en el caso de la pérdida de la biodiversidad, sí se han advertido algunos de los daños sufridos por las precipitaciones intensas, como los deslaves de suelos que sepultan casas, personas e infraestructura civil, los cuales son causados por la pérdida de los ecosistemas forestales en la parte superior de las montañas que rodean a las poblaciones.

3. Aunque la actividad local que genera esos problemas tiene consecuencias globales similares en ambos casos, la gran diferencia es que las respuestas para encarar los problemas de calentamiento atmosférico que resultan del análisis a nivel global son adecuadas para su aplicación en cualquier localidad del mundo, mientras que en el caso de la pérdida de biodiversidad las respuestas locales se benefician muy poco de la información proveniente a escala global: las respuestas locales tienen que resultar de información fundamentalmente local. En consecuencia, se requiere de mucha información acerca de las características de los ecosistemas locales y la biodiversidad que se está perdiendo, así como de una apropiada conciencia de los muchos servicios que prestan esos ecosistemas a las sociedades en todo el mundo.

Los servicios ecosistémicos que recibimos con la misma naturalidad con que vemos salir el Sol por el oriente cada mañana son vitales para el mantenimiento de la vida como la conocemos en el planeta y para el bienestar de todas las sociedades humanas. Algunos de esos servicios los hemos sabido valorar, como los alimentos que obtenemos de los sistemas agrícolas o pecuarios, la madera que utilizamos en instalaciones y actividades humanas, las fibras naturales para las telas que usamos, la pesca, etc. Sabemos el valor de mercado de estos bienes que los ecosistemas manejados por la gente nos producen porque pagamos por ellos, son parte de la economía de los individuos y las sociedades. Sin embargo, la mayoría de los demás servicios recibidos no tiene una valoración similar. Por ejemplo, la captura de bióxido de carbono por todos los organismos productores primarios en ecosistemas terrestres y marinos. Aunque en este caso hay algunos primeros asomos en valorar el servicio de captura de este gas de efecto invernadero por medio de los bonos de carbono, no se valoran debidamente otros beneficios similares como la función de mantenimiento de manantiales, ríos y mantos freáticos; la retención de los suelos en su lugar, así como la fertilidad de los mismos; la productividad primaria que es la base de todas las cadenas tróficas (de las que dependemos para alimentarnos) en todos los ecosistemas; el mantenimiento de poblaciones de polinizadores de los cultivos de los que dependemos, e incluso el placer estético que nos proveen cuando visitamos un bosque maduro bien conservado o admiramos un escenario natural.

Cuando se convierten los ecosistemas terrestres para utilizar los suelos como áreas de producción agrícola o pecuaria ganamos ciertos beneficios (los alimentos, por ejemplo), pero perdemos la mayoría de los demás servicios que aún no hemos sabido valorar adecuadamente, ni siquiera en términos económicos. Esto no significa que la única forma de valoración que deba usarse sea la monetaria, sino que simplemente estamos acostumbrados a darle un valor económico a todo. Hay servicios a los que difícilmente podemos darle un valor económico, como la función de producción de suelos fértiles de los bosques o el placer estético de estar dentro de una selva, alta como una catedral, respirando la densa atmósfera de sus perfumes vegetales.

Las interacciones del cambio climático y la pérdida de eco-sistemas son múltiples. En la medida en que la actividad humana reduce la extensión de bosques y selvas a niveles de 12 a 15 millones de hectáreas anuales, y se afectan los ecosistemas marinos, se pierde la capacidad de captura de bióxido de carbono, lo cual aumenta la concentración de este gas en la atmósfera y la calienta más. Esto resulta, en muchas zonas, en tendencias a la desertificación, lo que significa un estrés adicional para muchos sistemas naturales que reduce su extensión o los fragmenta, creando un ciclo de retroalimentación dañino a los ecosistemas terrestres y marinos. La deforestación del planeta representa anualmente cerca de 5% del total de emisiones de gases de efecto invernadero.

Por ello, no podemos dejar fuera de la estrategia para enfrentar el cambio climático a la preservación de las áreas que aún contienen ecosistemas conservados; una sin la otra es simplemente una fórmula infalible para el fracaso.

IMPACTOS DEL CAMBIO CLIMÁTICO EN LA SALUD HUMANA

El cambio climático plantea una serie de amenazas para la salud humana y la supervivencia en múltiples formas. Muchas de las consecuencias del cambio climático están relacionadas con la salud, ya sea de forma directa o indirecta. Un ejemplo de los impactos directos incluye lo que experimentan las personas al presentarse ondas de calor extremas. Otros ejemplos son las enfermedades relacionadas con vectores (tales como mosquitos) que expanden su zona de influencia en la medida que se va incrementando la temperatura, y las diversas afecciones —que incluso llegan a costar vidas— causadas por fenómenos meteorológicos extremos tales como incendios forestales, inundaciones y sequías. Por otro lado, la mayoría de las consecuencias del cambio climático involucran impactos indirectos en la salud; por ejemplo, el consumo de agua y alimentos de baja calidad que ocurren después de inundaciones y tormentas ocasiona un aumento en la frecuencia de epidemias y enfermedades diarreicas. Otros impactos indirectos incluyen afectaciones al bienestar de la población, tales como alteraciones sociales, económicas, psicológicas y demográficas causadas por poblaciones desplazadas o por la degradación del entorno, lo cual implica la creación de refugios temporales para la población afectada o desplazada durante el desastre climático.

Algunos grupos de población son particularmente vulnerables a los efectos del cambio climático en la salud, ya sea a causa de las desigualdades socioeconómicas existentes, las normas culturales o debido a factores intrínsecos. Estos grupos incluyen mujeres, niños y personas mayores, así como personas con problemas crónicos de salud y las comunidades pobres y marginadas. También existen impactos que, si bien no dañan directamente la salud, sí afectan la calidad de vida de un gran número de habitantes, lo cual limita objetivos del desarrollo, como el combate a la pobreza.

Después de sólo 0.85°C de incremento en la temperatura muchas amenazas anticipadas ya se han convertido en impactos reales. En 2015 *The Lancet*, la prestigiosa revista médica británica, conformó una Comisión sobre Salud y Cambio Climático, y se unió a los diferentes esfuerzos de otras academias de ciencias y de la comunidad médica con el objetivo de contribuir a la difusión de los impactos del cambio climático y de las políticas necesarias para atender los retos que representa. El hallazgo más importante de esta comisión es que, dado el potencial que tiene el cambio climático de revertir muchos de los avances logrados en materia de salud gracias al desarrollo económico, y los cobeneficios a la salud que se pueden alcanzar con una economía sustentable, la lucha contra el cambio climático podría significar una gran oportunidad para mejorar la salud global en el presente siglo.

Algunas de las recomendaciones que hace esta comisión a los gobiernos son:

- Invertir en investigación, monitoreo y supervisión de los efectos del cambio climático sobre la salud pública, a fin de comprender mejor las necesidades de adaptación, así como contar con una mejor estimación de los cobeneficios que tienen las medidas de mitigación.
- Ampliar el financiamiento para crear sistemas de salud resilientes al cambio climático en todo el mundo.
- Apoyar la cuantificación precisa de las enfermedades evitadas por la mitigación del cambio climático.
- Adoptar mecanismos para promover el papel de la comunidad médica y de la salud como parte vital del progreso para combatir el cambio climático.

V. Vulnerabilidad y adaptación al cambio climático

Sin duda el calentamiento de la superficie del planeta provocado por la actividad económica humana y que modifica las características de la atmósfera afectará, en mayor o menor medida, a todos los habitantes del planeta, independientemente de su grado de participación en la generación del problema. Las evidencias científicas han demostrado que si no se adoptan medidas de mitigación y adaptación urgentes, los impactos sobre las poblaciones humanas serán mucho más severos y frecuentes de lo que se preveía hace una década, y que la magnitud de estos daños está vinculada a las condiciones de pobreza de las sociedades.

Los fenómenos hidrometeorológicos extremos (sequías, tormentas tropicales, huracanes, olas de calor o de frío, entre otros) forman parte del funcionamiento natural de la atmósfera y del ciclo hidrológico. Han sido parte de la historia del planeta y varían en intensidad y frecuencia según la variabilidad climática que ocurre entre distintos años, características que se están modificando como consecuencia del cambio climático antropogénico; por sí mismos no siempre representan una amenaza natural: son parte del ciclo hidrológico.

El problema surge cuando las poblaciones humanas se asientan en espacios naturales de alto riesgo, se construye en estas áreas infraestructura de manera irracional o se establecen sistemas de producción desordenados, en especial cuando se han perturbado seriamente los ecosistemas. Es en estas condiciones que los fenómenos hidrometeorológicos se convierten en desastres. En realidad no deberían llamarse "desastres naturales"; no es la naturaleza quien los provoca, sino las irracionales decisiones de la sociedad. Un huracán se convierte en un desastre cuando al entrar en tierra se encuentra con una población asentada en zonas de alta exposición a estos fenómenos naturales, es decir, de alto riesgo, y cuando los ecosistemas naturales han sido deforestados por el cambio de uso de suelo. En estas condiciones las lluvias torrenciales no pueden filtrarse en el suelo por la falta de vegetación, el agua corre torrencialmente por cauces que están azolvados por la erosión y sus márgenes invadidos con infraestructura, arrasando con lo que encuentra a su paso en forma de avalanchas que entierran los poblados; las zonas costeras se inundan en donde los humedales (manglares, pantanos, lagunas costeras) se han desecado o eliminado, y donde luego se han construido viviendas, fraccionamientos, comercios y grandes desarrollos turísticos por debajo de la cota permitida de altitud sobre el nivel del mar. El agua necesita salir al mar, y si los espacios naturales han desaparecido o están bloqueados, lo hará por donde encuentre camino. Por el contrario, si el huracán entra en tierra en una zona deshabitada o racionalmente utilizada, por lo general no se le denomina desastre natural.

La probabilidad de que un asentamiento humano expuesto a una amenaza natural sufra pérdida de vidas y daños materiales depende de su vulnerabilidad, la cual se define como el grado de susceptibilidad o de incapacidad de un sistema para

La capacidad de respuesta de las sociedades humanas a los fenómenos naturales extremos dependerá de la capacidad preventiva que hayan desarrollado; mientras más preparadas menor será su vulnerabilidad, mayor su adaptación y menores los daños sociales y económicos.

afrontar los efectos adversos del cambio climático, particularmente de la variabilidad del clima y de los fenómenos extremos mencionados. La combinación del fenómeno natural con la vulnerabilidad determina lo que se conoce como "riesgo".

Los fenómenos naturales no están bajo el control humano y no se puede incidir en ellos, pero las sociedades en todo el mundo han desarrollado a lo largo de su historia distintas y variadas habilidades para enfrentar el riesgo. Las poblaciones humanas se han adaptado a esas condiciones, y su capacidad de respuesta ante los fenómenos naturales extremos dependerá de diversos factores. Se conoce como adaptación al proceso de ajuste que realizan las sociedades frente a las condiciones actuales o esperadas del clima y a sus efectos, con la finalidad de disminuir la vulnerabilidad e incrementar la capacidad de recuperación de las condiciones de las que depende el bienestar de las poblaciones humanas y de los ecosistemas naturales.

Por ello, la magnitud de los impactos y los daños que éstos provoquen en las sociedades y en los individuos variará entre países y dependerá de las capacidades de respuesta desarrolladas, es decir, del grado de preparación ante estos eventos: del diseño y la implementación de políticas institucionales eficaces (como las políticas de ordenamiento territorial); de la tecnología desarrollada (por ejemplo, para la detección y el manejo de información); de los sistemas de alerta temprana con información veraz, disponible a todos y de su difusión oportuna; de la educación y la capacidad técnica de la sociedad para aplicar medidas preventivas; del estado de organización social alcanzado; de la infraestructura y el equipamiento construidos; de los recursos económicos disponibles y, por supuesto, de las condiciones de su entorno natural, entre otros factores (Semarnat, 2006). Dicho de otra forma, dependerá de la capacidad preventiva que haya desarrollado un país. Mientras más preparada esté una sociedad, menor será su vulnerabilidad, su adaptación será mayor y menores serán los daños que sufra.

Resulta paradójico que los países que menos han contribuido a la generación de emisiones de GEI y las personas que consumen menos energía son, por lo general, los más afectados por el cambio climático debido a sus condiciones de vulnerabilidad y riesgo. Los costos de los impactos no se distribuyen equitativamente en el planeta, ya que los países en desarrollo son más afectados que los países industrializados, siendo las poblaciones marginadas, especialmente niños, mujeres y adultos mayores, las más vulnerables (ipcc, 2007b; cicc, 2007).

Cada país debe conocer su grado de vulnerabilidad y diseñar y aplicar políticas y medidas necesarias —económicamente viables, socialmente justas y ambientalmente sustentables— para adaptarse a las nuevas condiciones que impone el cambio climático.

A pesar de que el enfoque de adaptación frente al cambio climático ha avanzado muy lentamente a nivel global, los gobiernos locales y nacionales, así como el sector privado y las comunidades han ido acumulando experiencias para enfrentar este problema. A partir de los desastres provocados por los eventos hidrometeorológicos extremos en el mundo se han gestado diversos modelos de gobernanza local, se han aplicado nuevas tecnologías y sistemas de información y de alerta temprana, y se han desarrollado planes de adaptación para el manejo del agua y del territorio vinculados al ordenamiento territorial. Por ejemplo, países como Australia han desarrollado planes para enfrentar el incremento del nivel del mar y la reducción de la disponibilidad de agua, y en los Estados Unidos se desarrollan mecanismos para proteger en el largo plazo inversiones en energía e infraestructura pública (ipcc, 2014b).

Resulta muy importante que los planes de adaptación al cambio climático impulsados por algunos gobiernos sean procesos que favorezcan la planeación intersectorial e interinstitucional, lo cual influirá en las agendas de desarrollo nacional con enfoques de sustentabilidad, incluidos los temas productivos, ambientales y de salud pública, entre otros. Así, por ejemplo, en el ámbito rural de algunas regiones de América Latina se ha favorecido la integración de enfoques de conservación de ecosistemas con el impulso de sistemas productivos sustentables —como la agroforestería—, el manejo integral del agua y la restauración. Lamentablemente se trata aún de experiencias aisladas y marginales (IPCC, 2014b).

Deben realizarse esfuerzos mucho mayores en este sentido para proteger a la población más vulnerable, a los ecosistemas

El Grupo Intergubernamental de Expertos sobre el Cambio Climático (IPCC, 2012) sistematiza y pondera la información científica recabada sobre las evidencias de que la acción antropogénica ha provocado cambios en el clima, y llega a las siguientes consideraciones:*

- Es *muy probable* que los días fríos, las noches frías y las escarchas sean ahora menos frecuentes en la mayoría de las áreas terrestres, mientras que los días y noches cálidos sean más frecuentes en la escala global.
- Es *probable* que las olas de calor sean ahora más frecuentes en la mayoría de las áreas terrestres.
- Es *probable* que la frecuencia de las precipitaciones intensas (o la proporción de precipitaciones intensas respecto de la precipitación total) haya aumentado en la mayoría de las áreas.
- Es *probable* que la incidencia de elevaciones extremas del nivel del mar haya aumentado en numerosos lugares del mundo desde 1975.
- Es *probable* que la influencia humana haya contribuido a modificar los patrones de viento, afectando el recorrido de las tempestades extratropicales y los patrones de temperatura de ambos hemisferios.
- Es *más probable que improbable* que el sur de Europa y el oeste de África experimentarán sequías más intensas y largas.

*El grado de incertidumbre de cada conclusión principal de la evaluación se basa en el tipo, la cantidad, la calidad y la coherencia de la evidencia (por ejemplo, los datos, la comprensión de los mecanismos, la teoría, los modelos y el juicio experto) y el grado de acuerdo. Los términos del resumen utilizados para describir la evidencia son: limitada, media o sólida; y para describir el nivel de acuerdo: bajo, medio o alto.

La probabilidad de algún resultado bien definido que ha ocurrido o vaya a ocurrir en el futuro se puede describir cuantitativamente mediante los siguientes términos: prácticamente seguro, probabilidad del 99-100%; sumamente probable, 95-99%; muy probable, 90-95%; probable, 66-90%; más probable que improbable, >50%; tan probable como improbable, 33-66%; improbable, 10-33%; muy improbable, 5-10%; sumamente improbable, 1-5%; y extraordinariamente improbable, <1%.

(acuáticos y terrestres) y su biodiversidad, incluyendo la diversidad genética de las especies domesticadas. Dichos esfuerzos deben ir acompañados de instrumentos de planeación, legales y financieros, así como de creación de capacidades en todos los niveles.

Daños de los eventos hidrometeorológicos extremos

El dramático cobro de vidas humanas y los enormes costos sociales, económicos, ecológicos y políticos que han provocado los fenómenos hidrometeorológicos extremos en los últimos años son el principal llamado de atención sobre la necesidad de preocuparse y ocuparse de la prevención.

De acuerdo con el economista británico Nicholas Stern (2007), la pérdida mundial provocada por estos eventos ascendió aproximadamente a 83 000 millones de dólares durante la década de 1970, periodo en el que se registraron 29 eventos de gran envergadura. Para la década de los noventa estos eventos se incrementaron a 74 y provocaron pérdidas por 440 000 millones de dólares.

Por su parte el IPCC (2012) señala que las estimaciones de pérdidas anuales han variado de unos pocos miles de millones de dólares en 1980 a 200 000 millones de dólares en 2010, con el valor más alto en 2005 —debido al ciclón Katrina, que inundó la ciudad de Nueva Orleans—.

Las compañías que ofrecen seguros contra desastres naturales reportan que entre 1987 y 1996 tuvieron 15 sucesos cuyos costos fueron mayores a mil millones de dólares por evento. En particular la aseguradora Munich Re reportó pérdidas de 3 200 millones de dólares, ocasionadas por 14 300 eventos relacionados con el clima durante el periodo de 1980 a 2015 (figuras v.1 y v.2, y cuadro v.1). A pesar de que estas cifras son abrumadoras, hay que reconocer que las estimaciones están por debajo de la realidad, ya que la gran cantidad de vidas humanas, el patri-

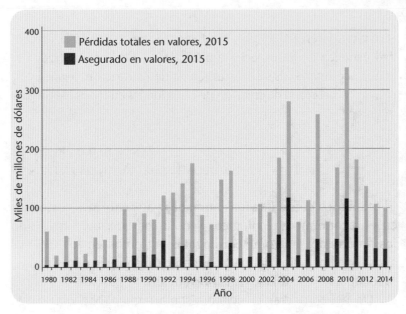

FIGURA V.1. *Pérdidas mundiales totales y pérdidas aseguradas, en valores de 2015, debidas a eventos relacionados con el clima y el estado del tiempo (en dólares estadunidenses). Fuente: Munich Re Group Annual Report 2016.*

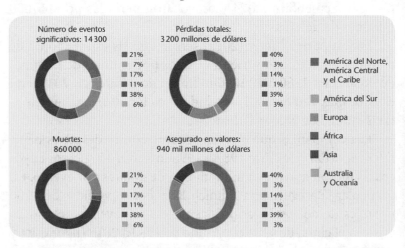

FIGURA V.2. *Ocurrencia de desastres relacionados con el clima y el estado del tiempo así como su impacto regional promedio (2000-2015). Fuente: Munich Re Group Annual Report 2016.*

CUADRO v.1. *Pérdidas mundiales por eventos meteorológicos extremos en el periodo 2000-2014**

Evento meteorológico	Ocurrencia (núm. de eventos)				
	África	Oceanía	Europa	Asia	América
Sequía	10	5	0	5	6
Temperatura extrema	2	0	3	4	1
Inundación	30	4	19	64	35
Deslizamiento de tierra	2	0	0	15	3
Tormentas	6	12	3	58	31
Incendios forestales	1	3	1	1	5

Evento meteorológico	Pérdidas humanas (núm. de personas fallecidas)				
	África	Oceanía	Europa	Asia	América
Sequía	0	24	0	11	0
Temperatura extrema	126	0	3762	3509	21
Inundación	981	7	50	2031	364
Deslizamiento de tierra	18	0	0	537	458
Tormentas	198	33	7	674	348
Incendios forestales	3	2	30	19	10

Evento meteorológico	Personas afectadas (heridos y desplazados)				
	África	Oceanía	Europa	Asia	América
Sequía	25 000 000	20 600 000	-	20 000 000	600 000
Temperatura extrema	66	-	-	1 000 000	201 000
Inundación	2 700 000	21 000	200 000	30 300 000	1 500 000
Deslizamiento de tierra	3 300	-	-	45 000	1 500
Tormentas	193 000	291 000	15 000	9 800 000	109 000
Incendios forestales	57 000	617	6 000	410 000	21 000

(Continúa)

CUADRO V.1. *Pérdidas mundiales por eventos meteorológicos extremos en el periodo 2000-2014* (continuación)*

Evento meteorológico	Daños económicos (miles de USD)				
	África	Oceanía	Europa	Asia	América
Sequía	$2 044 000	$60 000	-	$3 161 400	$1 900 000
Temperatura extrema	-	-	-	-	$94 000
Inundación	$471 000	$671 000	$2 490 800	$12 545 500	$4 900 000
Deslizamiento de tierra	-	-	-	$3 000	$5 000
Tormentas	$147 100	$2 441 400	$2 069 000	$12 555 300	$15 735 000
Incendios forestales	-	$351 000	$136 800	$1 000 000	$1 550 000

*Los datos corresponden al promedio del periodo 2000-2014, durante 2015 el número de eventos de sequía en América, Asia, Oceanía y África incrementaron 33%, 12%, 150% y 42%, respectivamente. Igualmente el impacto económico aumentó en el caso de América (54%), Asia (167%) y África (194%). En África se duplicó el número de eventos de temperatura extrema, sin embargo en ningún continente se igualó la cantidad de eventos que se presentaron en 2012, que representa el máximo en la última década. Por otro lado, las inundaciones en América incrementaron 3% en 2015, sin embargo los daños tuvieron un crecimiento mayor al 30% respecto a la media del periodo; mientras que en África hubo una disminución del número de eventos, aunque los daños incrementaron 20%.
Fuente: Elaborado con base en datos del CRED, octubre de 2016.

monio cultural y los servicios ecosistémicos, especialmente en los países en desarrollo, no se valoran monetariamente y la economía informal no se cuantifica.

En cuanto a la población, un poco más de mil millones de personas viven en zonas expuestas a ciclones tropicales, y alrededor de 800 millones están en áreas de inundaciones potenciales; se calcula que entre la década de 1980 y el presente han sido afectadas 200 millones de personas (PNUMA, 2007), y en México, entre 2001 y 2013 el número de personas afectadas superó los 15 millones (Cenapred, 2014).

Por otro lado, el aumento del nivel del mar, el cual ya en 2005 se determinó que fue de 0.7 cm (IPCC, 2007b), se ha convertido en una amenaza real para millones de personas en el mundo. Algunos indicadores de este hecho son los siguientes: la densidad de población en las costas es el doble que el promedio de la densidad de la población mundial; más de 100 millones de personas viven en áreas que no exceden un metro de altitud sobre el nivel del mar; más de 60% de la población global vive dentro de un margen de 100 km de la línea de costa; 21 de las 33 megalópolis están localizadas en las costas de países en desarrollo, muchas de las cuales se establecieron en zonas inundables (PNUMA, 2007). Los más amenazados son los pequeños estados insulares del Pacífico, que pueden perder la mayor parte de su territorio bajo el mar. Las proyecciones al año 2050 se pueden ver en la figura V.3.

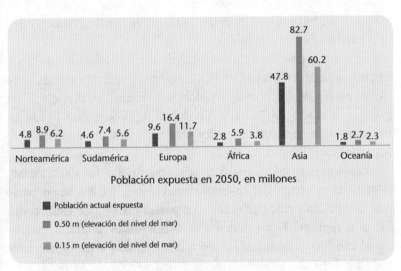

FIGURA V.3. *Exposición actual y futura (2050) a la inundación de poblaciones en zonas costeras de baja elevación en caso de una tormenta extrema con un aumento de 0.15 m y uno de 0.5 m debido al derretimiento parcial de las capas de hielo de Groenlandia y la Antártida occidental. La altura de las columnas representa el número de personas expuestas. Fuente: Lenton et al., 2008.*

Se estima que los daños por fenómenos hidrometeorológicos extremos han rebasado en promedio 5% del PIB de los países de bajo nivel de ingreso. Por su parte, el IPCC (2012) señala que entre 2001 y 2006 las pérdidas alcanzaron 1% del PIB de los países con desarrollo intermedio; en contraste, en los países desarrollados estas cifras no rebasaron 0.1%. Un caso extremo es el de los pequeños estados insulares, cuyas pérdidas han excedido en algunos casos hasta 8% del PIB durante el periodo de 1970 a 2010.

Se está configurando un nuevo círculo vicioso entre pobreza, desastres y rezago económico y social, lo que agrava la vulnerabilidad y, en consecuencia, aumenta los riesgos. Uno de los rasgos de la nueva situación es que los desastres afectan más las capacidades de los países pobres para mejorar su infraestructura, incrementar activos productivos y acrecentar los servicios educativos y de salud y las comunicaciones. Se avanza muy lentamente en la construcción de estos servicios, los cuales pueden perderse en pocas horas.

Se estima que 90% de los fenómenos hidrometeorológicos extremos ocurren en países en vías de desarrollo, por estar ubicados en las regiones intertropicales y áridas del planeta. Durante el periodo 1970-2008, alrededor de 95% de las pérdidas humanas relacionadas con estos fenómenos ocurrieron en países en desarrollo (IPCC, 2012).

Las zonas tropicales son más vulnerables a las expresiones climáticas extremas del calentamiento global, y éstas se encuentran ocupadas principalmente por países en vías de desarrollo. En estas regiones la producción de alimentos es altamente sensible al cambio climático. Debido a que dichos países tienen una enorme dependencia de la agricultura —75% de la población más pobre del mundo (1 000 millones de personas) vive en zonas rurales y depende de la agricultura—, los impactos del cambio climático, incluso con incrementos reducidos de temperatura, serán más pronunciados en estos países (Stern, 2007).

Por otro lado, se estima que en las zonas áridas y semiáridas del planeta la incidencia de sequías se ha cuadruplicado de

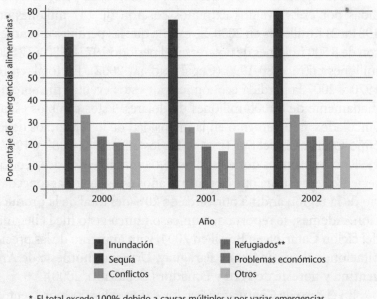

* El total excede 100% debido a causas múltiples y por varias emergencias.
** Incluye personas desplazadas internamente.

FIGURA V.4. *Causas de emergencia alimentaria en países en desarrollo. Fuente: PNUMA, 2007.*

12 a 48 episodios anuales desde 1975, y que se pierden anualmente 42 000 millones de dólares por el decaimiento de la productividad agrícola, lo cual se ha convertido en la principal causa de emergencia alimentaria (figura V.4).

El Centro de Monitoreo sobre los Desplazados Internos reportó que, en 2014, 22 millones de personas pertenecientes a 119 países se vieron obligadas a abandonar sus hogares por los desastres naturales (IDMC, 2014), lo cual significó el triple de los desplazados por conflictos sociales. Entre ellos, la mayoría pertenece a la región de Asia, donde 19 millones de personas (87%) emigraron por estas causas. Por ejemplo, sólo el tifón Haiyan de 2013 ocasionó en Filipinas el desplazamiento de más de cuatro millones de personas.

En la región de América Latina y el Caribe, las personas afectadas por estos eventos extremos pasaron de 147 millones en 1981 a 211 millones en 2000. Se estima que las pérdidas ascendieron de 8 500 millones de dólares en el periodo 1972-1980 a 17 800 millones entre 1980-1990 (Cepal-PNUMA, 2002). En total, entre 1970 y 2007 la pérdida económica por estos eventos fue aproximadamente de 80 000 millones de dólares. Estos cambios están vinculados al incremento en la intensidad de los episodios de El Niño Oscilación del Sur (ENOS). En los años 1982-1983 y 1997-1998 ocurrieron los dos episodios ENOS más intensos de la época reciente, y se estima que causaron daños en el sector agropecuario de la región andina por cerca de 20% del total de la producción. Además, se reporta que un caso nunca visto fue la llegada del ciclón Catarina en Brasil en 2004, y un aumento de las precipitaciones al sur de Brasil, Paraguay, Uruguay, noroeste de Argentina y noreste de Perú y Ecuador (Cepal/BID, 2000).

En el caso de Centroamérica, los daños causados por eventos hidrometeorológicos extremos entre 1970 y 2000 ascendieron a 80 millones de dólares, lo que correspondió a 2% del PIB de la región. Se estima también que entre 1990 y 1999 perdieron la vida en estos eventos cerca de 20 000 personas, y que otras 4.5 millones fueron afectadas. La vulnerabilidad de la región se evidenció con el huracán Mitch de 1998, el cual se calcula que canceló una década de desarrollo de la región, cobró 9 214 vidas y afectó a más de un millón de personas con un costo de 6 000 millones de dólares (PNUMA, 2007; Cepal/PNUMA, 2002).

El caso del Caribe es un ejemplo claro de la contribución que tienen las condiciones locales y el desarrollo de capacidades para amortiguar los daños. En Haití el huracán Jeanne causó 2 700 muertes, mientras que en la misma isla, en la República Dominicana, la pérdida fue de sólo 20 vidas. La diferencia consistió en las capacidades creadas de alerta temprana para enfrentar estos eventos y en la existencia de cobertura vegetal, la cual en Haití no es más que 1% del territorio, mientras que en República Dominicana es de 25% (PNUMA, 2007) (figura v.5).

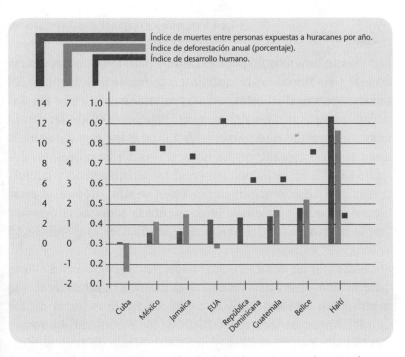

FIGURA v.5. *Muertes como resultado de los huracanes, relacionados con la deforestación y el índice de desarrollo humano en el Caribe. Fuente:* PNUMA, 2007.

La situación se agrava por el acelerado crecimiento demográfico que aún persiste en muchos de los países en desarrollo: la pobreza, las limitadas capacidades para hacer frente a un clima incierto, la falta de tecnología y, por supuesto, la carencia de recursos económicos. Este conjunto de factores coloca a los países en desarrollo en condiciones altamente vulnerables al cambio climático, con menos posibilidades de adaptarse, a pesar de ser los que menos han contribuido a la generación del problema.

La frecuencia de los eventos hidrometeorológicos extremos ha aumentado debido al cambio climático y seguirá aumentando a menos que la sociedad tome las medidas necesarias para mitigar el problema.

Los eventos meteorológicos extremos ocurren con frecuencia en este país porque está situado en la franja intertropical del planeta, con importantes cadenas montañosas y entre los dos océanos más grandes del mundo. Más de 40% de territorio nacional es árido o semiárido, en donde la escasez del agua es una característica intrínseca natural —por ello existen los desiertos— y 27% se encuentra en el trópico húmedo y subhúmedo, con altas precipitaciones en el verano, donde se establecen las selvas. Además, la accidentada topografía provoca que la mayor parte del país tenga pendientes mayores de 15 grados.

Éstas son las características naturales de México y a ello se debe la rica diversidad natural y cultural. El gran reto al que se enfrentan los mexicanos ante esta condición es lograr disminuir los impactos socioeconómicos de los fenómenos hidrometeorológicos extremos que seguirán ocurriendo de manera recurrente. ¿Cuántos de estos fenómenos pueden adjudicarse al cambio climático? No hay una respuesta contundente. De lo que sí hay evidencia es de que estos episodios se están volviendo más frecuentes e intensos a causa del fenómeno antropogénico del cambio climático, lo cual nos obliga a prepararnos mejor. Cada vez es más frecuente escuchar: "la mayor sequía…, el mes más lluvioso…, el huracán más intenso…"

México es considerado uno de los países de mayor vulnerabilidad, debido a que 15% de su territorio nacional, 68% de su población y 71% de su PIB se encuentran altamente expuestos al riesgo de impactos directos adversos del cambio climático (CICC, 2009). Por ejemplo, se estima que 20 millones de personas habitan en áreas expuestas al impacto de huracanes (CICC, 2007) (figura v.6). Además, la posible alteración en los rendimientos de los cultivos básicos, provocada por eventos climáticos extremos, podría afectar la seguridad alimentaria; al ser un país megadiverso y poseer parte de la segunda cadena arrecifal

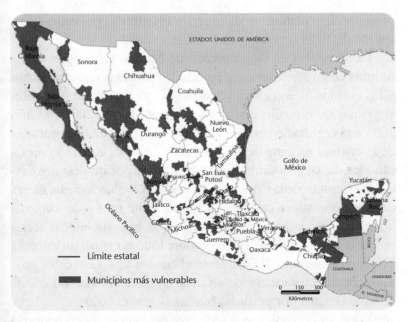

FIGURA v.6. *Municipios más vulnerables a los impactos del cambio climático. Fuente:* CICC, *2014.*

más grande del mundo, debe hacer esfuerzos especiales para cuidar este patrimonio natural.

Existe evidencia de que los daños causados en México por fenómenos vinculados con el cambio climático se han incrementado recientemente: durante las últimas dos décadas del siglo pasado se registraron 3 000 muertes, así como daños totales por 4 400 millones de dólares debido a eventos hidrometeorológicos extremos, sin considerar los daños a los ecosistemas y las pérdidas de capital natural. Durante la primera década del

México es considerado uno de los países de mayor vulnerabilidad, debido a que 15% de su territorio nacional, 68% de su población y 71% de su PIB se encuentran altamente expuestos al riesgo de impactos directos adversos del cambio climático.

113

presente siglo el número de muertes registradas por estos eventos fue de 1 474 (cuadro v.2).

La Secretaría de Gobernación de México señala que en los últimos cinco años del siglo pasado las pérdidas registradas por estos eventos fueron cinco veces mayores a las correspondientes al primer quinquenio de los años setenta (CICC, 2007). El año 2005 está registrado como el de la peor temporada de huracanes de la historia reciente de México: Stan causó en el sureste mexicano los daños económicos más cuantiosos por un desastre desde el terremoto de la Ciudad de México en 1985, y Wilma, meses después, que superó a Stan en fuerza y fue calificado como el huracán más poderoso registrado en la historia, afectó seriamente la península de Yucatán y sobre todo el centro turístico de Cancún (Provencio, 2006) (véase el cuadro v.2). Los costos económicos directos asociados alcanzaron 0.6% del PIB, sin considerar los costos por pérdidas humanas (CICC, 2009).

Entre los episodios más recientes se encuentra el provocado por la tormenta tropical Ingrid en 2013, que impactó principalmente las costas de Guerrero, con desastrosos resultados para las poblaciones de Quechultenango, Tixtla, La Pintada, Chilpancingo y la periferia de Acapulco, por sólo mencionar algunos ejemplos.

Los episodios de sequía se han registrado de manera más recurrente e intensa en los últimos años, sobre todo en las zonas áridas y semiáridas del país, y han afectado de manera muy severa a la producción agrícola. Por ejemplo, con el fenómeno de El Niño en 1997 se perdieron más de 2 000 millones de dólares por afectaciones en la producción de granos básicos, y se reportaron daños materiales por cerca de 8 000 millones de pesos. La severidad de la sequía fue tal que cerca de dos millones de hectáreas sembradas con diversos granos básicos se vieron afectadas (Magaña, 2004).

Como consecuencia de ese mismo episodio, en la temporada de seca de 1998 se registró el mayor número de incendios y de mayor intensidad de la historia del país, ya que se trató del año más seco del siglo XX. De un promedio anual de 7 000 incendios,

CUADRO v.2. *Ocurrencia de desastres naturales por tipo de evento*

Tipo de evento	Número de personas afectadas										
	2001	2002	2003	2004	2005	2006	2007	2008	2009	2010	2011
Lluvias, inundaciones y ciclones tropicales	153 919	5 849 781	614 073	125 891	645 231	521 704	2 906 940	778 277	372 518	1 774 375	742 107
Bajas temperaturas	836	60 371	50	4 523	45	100	105	350 295	0	41	47
Altas temperaturas	ND	ND	ND	ND	ND	ND	ND	ND	ND	ND	3
Sequías	ND	52 000	0	0	167 235	8 464	73 630	40 021	152 333	44 730	307 618
Otros	ND	ND	0	1 879	5 886	7 613	16 583	340 484	29 517	107 500	667 761
Geológicos	3 000	936	527 211	355	721	168	4 845	9 023	8 837	41 360	35 874

Notas: *1)* Se considera como personas afectadas a los heridos, evacuados y desaparecidos. *2)* ND: no disponible. *3)* Las temperaturas extremas (altas y bajas) se reportan agregadas de 2001 a 2010, a partir de 2011 se reporta el dato desagregado. *4)* La categoría "Otros" incluye tormentas eléctricas, heladas, nevadas, granizadas y fuertes vientos.

Fuente: Cenapred, *Impacto socioeconómico de los principales desastres ocurridos en la República Mexicana*, ediciones 2001 a 2011, serie Impacto Socioeconómico de los Desastres en México, México, 2003 a 2013.

(Continúa)

CUADRO V.2. *Ocurrencia de desastres naturales por tipo de evento (continuación)*

Tipo de evento	Número de muertes										
	2001	2002	2003	2004	2005	2006	2007	2008	2009	2010	2011
Lluvias, inundaciones y ciclones tropicales	127	52	132	77	149	88	53	59	42	155	100
Bajas temperaturas	36	71	6	23	45	100	105	75	38	41	44
Altas temperaturas	ND	ND	ND	ND	ND	ND	ND	ND	ND	ND	3
Sequías	ND	0	0	0	0	0	0	0	0	0	0
Otros	ND	ND	0	4	9	32	29	14	20	3	17
Geológicos	ND	2	41	11	25	31	72	14	16	60	16

Notas: *1)* ND: no disponible. *2)* Las temperaturas extremas (altas y bajas) se reportan agregadas de 2001 a 2010, a partir de 2011 se reporta el dato desagregado. *3)* La categoría "Otros" incluye tormentas eléctricas, heladas, nevadas, granizadas y fuertes vientos.

Fuente: Cenapred, *Impacto socioeconómico de los principales desastres ocurridos en la República Mexicana*, ediciones 2001 a 2010, serie Impacto Socioeconómico de los Desastres en México, México, 2003 a 2013.

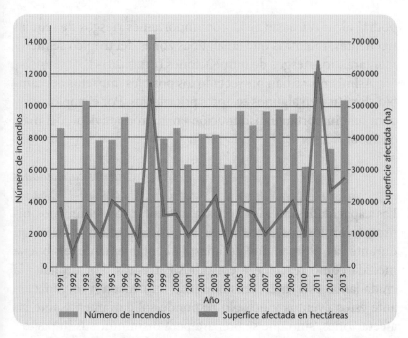

FIGURA V.7. *Incendios forestales en México. Fuente: Conafor, 2016.*

ese año ocurrieron más de 14 500, afectando una superficie de casi 500 000 hectáreas, es decir, más de tres veces el promedio anual nacional. Un episodio semejante sucedió en 2011 (figura v.7).

Algunas proyecciones para México

Los modelos que proyectan posibles cambios de temperatura y precipitación muestran que para 2030 los cambios de temperatura en el norte del país podrían presentar un aumento de 2 °C de temperatura, mientras que en la mayoría del resto del país estarían entre 1 y 1.5 °C; sin embargo, si las tendencias se mantienen para el año 2100 los incrementos podrían llegar a ser de 4 °C, y entre 2.5 y 3.5 °C en estas regiones respectivamente. En cuanto a las precipitaciones, se estima que para 2100 podría haber una disminución de entre 10% y 20%, y en Baja California podría alcanzar hasta 40%, con importantes riesgos de sequías frecuentes, mientras que en algunas zonas del trópico se incrementarán los riesgos de inundaciones (CICC, 2014).

Asimismo, se han proyectado los posibles impactos del cambio climático en algunos sectores prioritarios. Por ejemplo, se espera una importante disminución en la productividad del maíz en 2050.

Nuevas capacidades

Las capacidades de México para enfrentar los fenómenos hidrometeorológicos extremos se han fortalecido con celeridad durante las últimas dos décadas; lamentablemente, en buena medida como reacción a episodios extremos. Por un lado, la ciudadanía está más sensibilizada, informada y organizada ante estos eventos y no sólo responde solidariamente ante las afectaciones, sino que se prepara para disminuir sus impactos. Por otro, la respuesta gubernamental en general es cada vez más eficiente debido a la experiencia acumulada en las acciones de alerta, de atención a la población afectada en la emergencia y de reconstrucción de la infraestructura dañada. Además, se cuenta con el Consejo Nacional de Protección Civil —como órgano consultivo de participación social—, el Sistema Nacional de Protección Civil, el Programa Nacional de Protección Civil, el Centro Nacional de Prevención de Desastres, el Sistema de Alerta Temprana contra Ciclones Tropicales, el Sistema Meteorológico Nacional, el Atlas Nacional de Riesgo, diversos Atlas de Peligros Naturales, el Programa de Prevención de Riesgos y Mejoramiento Ambiental, entre otros (Landa *et al.*, 2008).

Adicionalmente, el gobierno de este país elaboró la publicación *Adaptación al cambio climático en México: visión, elementos y criterios para la toma de decisiones* (Semarnat, 2012a), y en 2010 se expidió la Ley General de Cambio Climático, que contiene un capítulo sobre adaptación (DOF, 2012a; véase el capítulo IX de esta obra para más detalles).

Sin embargo, a pesar de todos estos instrumentos la atención básica del problema tiene que partir de un proceso de planeación y control de la ocupación y el uso del territorio nacional, cuyas políticas e instrumentos ya están definidos en el marco legal. En la Ley General del Equilibrio Ecológico y la Protección al Ambiente (*DOF*, 1988) se establece que los ordenamientos ecológicos (el general, los regionales y los locales) son la base de dicha planeación, ya que éstos definen los lineamientos y estrategias ecológicas (el general), determinan los criterios de regulación ecológica (los regionales) y regulan los usos de suelo (los locales) para la "preservación, protección y restauración y aprovechamiento sustentable de los recursos naturales, así como para la localización de actividades productivas y de los asentamientos humanos".

Dichos criterios deben considerarse en los ordenamientos territoriales de los asentamientos humanos que, a su vez, derivan en los planes o programas municipales de desarrollo urbano. Además, las normas técnicas proporcionan las especificidades de los límites permisibles del desarrollo de las actividades humanas en función de las condiciones ambientales, y las evaluaciones del impacto ambiental constituyen el procedimiento previo a la realización de una obra. Por último, se establece que los permisos y licencias de construcción deben ajustarse a lo anterior.

Sin embargo, la planeación territorial y urbana es prácticamente inexistente, pues no se aplican ni se hace el mejor uso de la información ni de los instrumentos; los asentamientos irregulares se toleran y muchas veces incluso se fomentan; numerosas autorizaciones de construcción están en contra de la normatividad vigente y no se fincan responsabilidades. Pocos municipios cumplen con esta normatividad alineada. Afortunadamente, la Ley General de Protección Civil tipifica ya como delito grave las autorizaciones de uso de suelo en sitios de riesgo (*DOF*, 2012b).

No obstante los avances institucionales y jurídicos mencionados, éstos no van a la velocidad que las necesidades imponen frente al cambio climático, y el sistema de protección civil está rebasado y es obsoleto, tanto institucional como legalmente. No se han asimilado las lecciones aprendidas en una estructura institucional adecuada que sea capaz no sólo de actuar y ser eficiente en la gestión de las crisis provocadas por fenómenos hidrometeorológicos extremos, sino también de reducir los riesgos de los desastres y vincularlos al desarrollo.

Es necesario el rediseño institucional, asociado con el riesgo y con la vulnerabilidad social, en el que impere el criterio preventivo y se tomen en cuenta las dimensiones ambientales del desastre, la necesidad de proteger los servicios y funciones de soporte y regulación asociados a los ecosistemas y a la seguridad del entorno. Quizá el cambio más relevante sería concebir la reducción del riesgo de desastres como parte misma de la política de desarrollo, no sólo como una respuesta a algo externo que puede afectar a la larga la trayectoria de una sociedad (Provencio, 2006).

Se requiere una institución especializada, con personal altamente calificado y capacitado en los temas de riesgos, encargada de establecer los vínculos con las demás dependencias oficiales relacionadas con el tema, tanto en la prevención de desastres como en la planificación y la aplicación de estrategias de adaptación a corto, mediano y largo plazos. Dicha institución requiere de un alto nivel jerárquico en la administración pública y debe formar parte del gabinete presidencial ampliado para garantizar que las decisiones que se tomen se pongan en práctica con eficiencia y prontitud (Carabias y Landa, 2005).

Para consolidar los avances es crucial el uso de información climática y de sistemas aplicados localmente, para lo cual hace falta un esfuerzo sin precedentes de investigación e innovación tecnológica. La red meteorológica mexicana adolece de muchos problemas que deberían ser atendidos pronta y eficazmente; no podremos tener buenas predicciones de modelos climáticos para el país sin un buen sistema meteorológico. México tiene buenas bases para ello, pero falta fortalecer los recursos humanos capacitados (Landa *et al.*, 2008).

Existen las herramientas y las instituciones. Falta integrarlas y alinearlas, coordinando a las respectivas instituciones responsables, a los tres órdenes de gobierno y a la sociedad, con un seguimiento del más alto nivel. Sin duda, enmendar la condición de riesgo que prevalece en el país es costoso política y económicamente, pero lo será más conforme transcurra el tiempo; enfrentarlo cuanto antes es una responsabilidad ineludible. El costo de invertir en medidas preventivas de adaptación siempre será menor que el costo de encarar las futuras repercusiones.

VI. Emisiones globales y de los países

Durante los últimos 150 años las sociedades del mundo han contaminado la atmósfera con gases de efecto invernadero (GEI) que tardan decenas o incluso miles de años en degradarse, como se explicó en el capítulo III. En la generación de estos gases participamos, en mayor o menor medida, todos los países y todos los habitantes del planeta mediante las actividades cotidianas de la vida. La aportación de cada país depende de su nivel de desarrollo, del crecimiento de la economía, del tamaño de la población y de sus hábitos de consumo, de las tecnologías que se emplean en la producción de bienes y servicios, y de la deforestación, entre otros factores. La desigualdad entre países respecto a cuánto contribuyen con estas emisiones se analiza a continuación a partir de la información obtenida de diversas fuentes, como son la Herramienta de Análisis de Indicadores Climáticos (Climate Analysis Indicators Tool, CAIT) del Instituto de Recursos Mundiales (World Resources Institute, WRI), la Agencia Internacional de Energía (IEA, por sus siglas en inglés), el Centro de Análisis de Información de Dióxido de Carbono (CDIAC, por sus siglas en inglés) y la Base de Datos de Emisiones Globales para la Investigación Atmosférica (EDGAR, por sus siglas en inglés) del Centro de Investigación de la Unión Europea y de la Agencia Ambiental de los Países Bajos (PBL, por sus siglas en inglés).

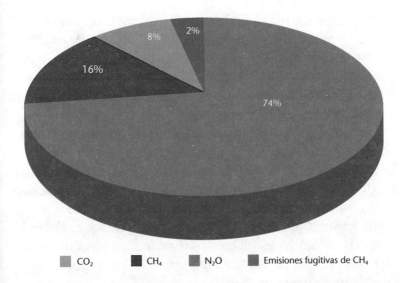

| CO$_2$ | CH$_4$ | N$_2$O | Emisiones fugitivas de CH$_4$ |

FIGURA VI.1. *Porcentaje de emisiones por tipo de gas. Fuente:* CAIT, *2015.*

EMISIONES GLOBALES DE GASES DE EFECTO INVERNADERO

Para determinar las emisiones anuales de GEI de cada país, se realizan diferentes estimaciones a partir de datos económicos y demográficos; de estas estimaciones se establecen variables de emisión per cápita, de intensidad de carbono, de intensidad energética, y de ello se calculan las emisiones acumuladas por país.

Las emisiones mundiales de GEI causadas por las actividades humanas han aumentado 60% entre 1970 y 2011, al pasar de 29 a 46 GtCO$_2$e (CAIT, 2015). Este crecimiento superó las expectativas que se tenían en el momento de la firma del Protocolo de Kioto, del que se habla más adelante, y se rebasaron los peores escenarios previstos por el IPCC en sus primeros reportes.

Los principales GEI están representados por el bióxido de carbono (CO$_2$ = 74%), el metano (CH$_4$ = 16%) y el óxido nitroso (N$_2$O = 8%), entre otros (figura VI.1).

El crecimiento de las emisiones de bióxido de carbono a la atmósfera a partir de la Revolución Industrial fue vertiginoso. Hasta 1750 se generaban sólo 11 millones de toneladas anuales de este gas; en 1900 este volumen se incrementó a casi 2000 millones; 50 años después se triplicó (6000 millones) y en 1980 superó el triple de esta cifra (19500 millones).

El ritmo de crecimiento de emisiones de este gas disminuyó entre 1975 y 1990, y volvió a aumentar entre 1990 y 2010, con lo cual alcanzó las 33000 millones de toneladas (Boden *et al.*, 2010) (figura VI.2). Este volumen de CO_2 excede la capacidad de los sumideros terrestres y marinos para absorberlo y, por lo tanto, año con año se acumula en la atmósfera, acercándose en la actualidad a niveles peligrosos. La concentración promedio de este GEI llegó, en 2016, a 402 ppm, volumen sin precedente en el último millón de años.

Las principales actividades que generan el conjunto de GEI, esto es, el bióxido de carbono y otros más, son principalmente la quema de combustibles fósiles (73%), las actividades agrícolas

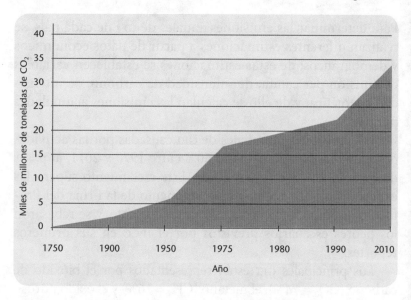

FIGURA VI.2. *Incremento de emisiones de CO_2. Fuente: Boden* et al., *2010.*

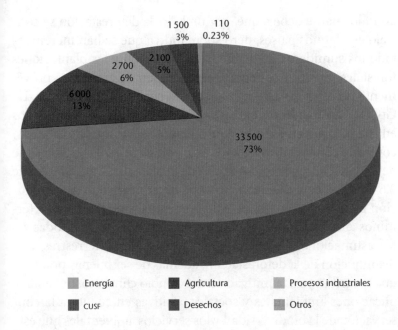

FIGURA VI.3. *Emisiones de GEI por sector, en gigatoneladas por año.*
Fuente: CAIT, 2015.

y sus insumos (13%), diversos procesos industriales (6%), el cambio de uso de suelo y la degradación de ecosistemas forestales (5%), así como los residuos sólidos (3%) (figura VI.3).

La quema de combustibles fósiles se realiza principalmente para la producción de energía, la cual a su vez se utiliza para generar electricidad (43%), manufactura y construcción (19%) y transporte (18%), entre otros usos (figura VI.4). Las tendencias observadas en las últimas dos décadas son de un incremento considerable de GEI por este factor; en 1990, 2000 y 2011 las emisiones de GEI generadas por la quema de combustibles fósiles correspondieron a 68%, 69% y 73% del total de GEI, respectivamente.

En contraste, las emisiones de GEI provenientes del cambio de uso de suelo y degradación de ecosistemas forestales (CUSF), de acuerdo con el WRI (CAIT), han disminuido en los últimos

125

años, lo cual se debe a que, por un lado, la deforestación se contrajo en algunos países, pero sobre todo a que se han incrementado los sumideros mediante la reforestación y las plantaciones forestales. En 2011 se reportó un volumen de emisiones proveniente de CUSF de 3.8 $GtCO_2e$, de las cuales se absorbieron 1.7 $GtCO_2e$, arrojando un balance neto de 2.1 $GtCO_2e$ acumulados en la atmósfera en ese año, equivalente a 5% de total de GEI. Esto contrasta con las cifras de años anteriores: en 1990 el balance fue de 2.3 $GtCO_2e$, que representó 7% de total de GEI, y en 2000 era de 2.6 $GtCO_2e$, equivalente a 7%. Cabe hacer notar que la disminución para el año 2011 es no sólo porcentual sino también en términos absolutos, aunque hay mucha incertidumbre en todas estas estimaciones. El incremento de sumideros terrestres y la disminución de la deforestación, además de ser buenas prácticas que contribuyen a la mitigación del cambio climático, tienen implicaciones ambientales y sociales positivas en cuanto a la conservación de la biodiversidad y los servicios ambientales que ésta presta.

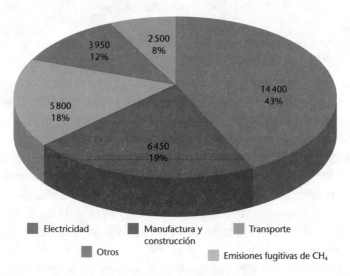

FIGURA VI.4. *Emisiones de GEI del subsector energía, en gigatoneladas por año. Fuente:* CAIT, *2015.*

Las tendencias correspondientes a las emisiones de GEI provenientes de las actividades agrícolas son semejantes a las de cambio de uso de suelo y degradación de ecosistemas forestales; para los años 1990, 2000 y 2011 representaron 17%, 15% y 13% del total de GEI respectivamente, aunque en términos absolutos se registró un incremento. Ésta es un área que ofrece grandes oportunidades para disminuir la generación de GEI, lo cual, además de contribuir a la mitigación del cambio climático, aportará beneficios en la salud humana, en los ecosistemas y en la calidad del suelo, ya que muchos de los GEI provenientes de esta actividad están relacionados a los agroquímicos y a las quemas agropecuarias anuales.

En cuanto a las emisiones por la inadecuada disposición de residuos sólidos, este sector representa la tercera fuente más importante de generación de metano; las emisiones provienen principalmente de la disposición final de residuos (rellenos sanitarios y tiraderos a cielo abierto). Los GEI generados corresponden a 3.4%, 3.5% y 3.2% del total en los años 1990, 2000 y 2011 respectivamente. El manejo adecuado de residuos sólidos es igualmente un área muy importante en la que se pueden alcanzar mejorías sustantivas, las cuales repercutirán positivamente en la salud humana y de los ecosistemas terrestres y acuáticos.

PRINCIPALES PAÍSES RESPONSABLES DE LA EMISIÓN DE GASES DE EFECTO INVERNADERO

Las tendencias en la contribución de cada país en la generación de emisiones de gases de efecto invernadero han ido cambiando en los últimos 20 años, particularmente a partir del despegue de las economías emergentes.

De acuerdo con la AIE, la contribución regional a la generación de emisiones de CO_2 derivado de la quema de combustibles fósiles se ha modificado en las últimas cinco décadas. En 1973 los países desarrollados pertenecientes a la OCDE fueron responsables del 67% de las emisiones de CO_2 a nivel mundial; sin embargo, a partir del 2013, como consecuencia del crecimiento acelerado de las economías de algunos países en desarrollo, los países de la OCDE ocasionaron sólo el 37% de las emisiones de CO_2. Entre 1973 y 2013, el incremento más significativo en emisiones de CO_2 provino del continente asiático, donde China aumentó sus emisiones en un promedio de 6% anual. Dicho de otra manera, derivado de la quema de combustibles, principalmente del desarrollo de la industria de carbón, se considera que en ese mismo periodo China incrementó 10 veces sus emisiones de CO_2. La figura VI.5 muestra las emisiones globales de CO_2 derivadas de la quema de combustibles fósiles, por región, y de la transportación de contenedores marinos y de la aviación.

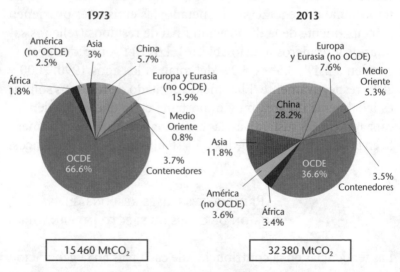

1. "Contenedores" incluye aviación internacional y transportación de contenedores marinos.
2. Las emisiones de CO_2 provenientes de combustibles fósiles se basan en balances energéticos de la AIE y en las directrices del IPCC del 2006; excluye emisiones no provenientes del sector energético.
3. "Asia" excluye a China y a los países de la OCDE del continente asiático.

FIGURA VI.5. *Emisiones globales de CO_2 derivadas de la quema de combustibles fósiles, por región, y de contenedores marinos y de la aviación.*
Fuente: AIE, WEO, 2015.

De acuerdo con datos de la AIE, el comportamiento de las emisiones provenientes de la quema de combustibles fósiles para el periodo de 1990 al 2014 (figura VI.6) muestra que desde 2005 los países en desarrollo rebasaron a los países desarrollados en total de emisiones de CO_2.

Debido a estos cambios de distribución, cualquier búsqueda de soluciones negociadas en el ámbito global requiere del compromiso y esfuerzo de todos los países. El reporte sobre las tendencias en emisiones de CO_2 a nivel mundial publicado en el 2015 por la PBL junto con el Centro de Investigación de la Unión Europea, concluye que los principales emisores de CO_2 a nivel mundial son: China (30%), Estados Unidos (15%), los 28 países miembros de la Unión Europea (10%), India (7%), Federación Rusa (5%) y Japón (4%) como se ilustra en la figura VI.7.

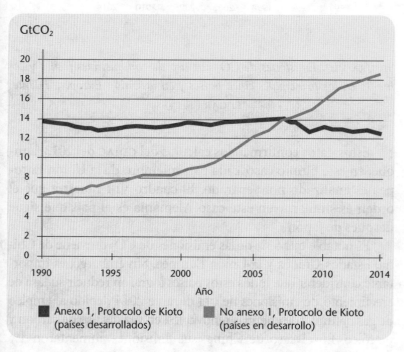

FIGURA VI.6. *Tendencias de CO_2 por Anexo, de acuerdo al Protocolo de Kioto.*

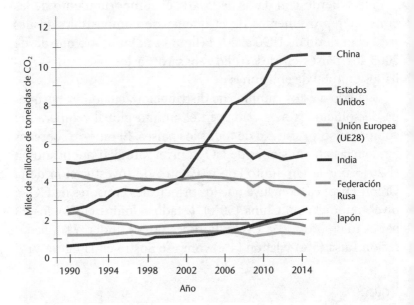

FIGURA VI.7. *Emisiones de CO_2 por uso de combustibles fósiles y cemento en los principales cinco países y en la Unión Europea. Fuente:* EDGAR *(2015).*

Estos datos confirman los cálculos del CDIAC del 2013, aunque, en este último caso, cada país miembro de la Unión Europea es analizado por separado. El cuadro VI.1 muestra que el orden es similar, y en este caso Alemania es el país que sigue después de Japón.

Es notable que 55% de las emisiones de CO_2 proviene de China, Estados Unidos y la Unión Europea. Sin embargo, es importante considerar que todos estos países lograron reducir su tasa de crecimiento de emisiones de GEI durante 2014 debido al empleo de gas natural y de energías renovables, en vez del uso de carbón y petróleo. En el caso de China, sus emisiones aumentaron 1% comparado con el 2013, el incremento más bajo en la última década. En el caso de Estados Unidos, sus emisiones también in-

Cuadro vi.1. *Clasificación por país del total de emisiones de CO_2, por quema de combustibles fósiles, producción de cemento y quema de gas (2013)*

1	China
2	Estados Unidos
3	India
4	Rusia
5	Japón
6	Alemania
7	Irán
8	Corea del Sur
9	Arabia Saudita
10	Brasil
11	México
12	Indonesia
13	Canadá
14	Sudáfrica
15	Reino Unido

Fuente: Boden *et al.*, 2010.

crementaron 1%, una cifra más baja comparada con los últimos dos años.

En el caso de la India, entre el 2003 y el 2010 ha tenido un crecimiento económico promedio de 8 a 10% del PIB anual. Es el tercer país que más emite GEI, debido al tamaño de su población y su vigoroso crecimiento. Sin embargo, a diferencia de China que ha logrado estabilizar sus emisiones, en 2014 India las incrementó cerca del 8%, lo cual la coloca como el país que tuvo la tasa de incremento de emisiones de GEI más grande en ese año.

En el caso de la Federación Rusa, en 2014 contribuyó al 5% de las emisiones globales de GEI, pero logró reducir sus emisiones respecto al año anterior al reducir su consumo de carbón y gas natural. El consumo energético en la Federación Rusa depende en un 54% del gas natural.

Japón ha logrado reducir sus emisiones año con año paulatinamente, de un 5% anual en la década de 1990, a un 3.5% para el 2014, que se debe a una reducción en el consumo de petróleo. Sin embargo, es un reto para Japón el incremento en el uso de combustibles fósiles después del accidente de las plantas nucleares en Fukushima, las cuales se cerraron por completo en 2013. No obstante, Japón planea seguir desarrollando energía nuclear mejorando los protocolos de seguridad.

Las emisiones de GEI de los países miembros de la OCDE, quienes en su mayoría pertenecen al anexo I del Protocolo de Kioto, han disminuido 5% desde el 2008. Esto en parte se debe al bajo crecimiento económico que tuvieron por la crisis financiera del 2008, pero también a un incremento en la aplicación de políticas ambientales y cambios en el consumo de energía. Estos cambios en las tendencias globales obligan a concluir que ya no son los países desarrollados los que más emiten: mientras los países en desarrollo sigan aumentando sus emisiones, tendrán un peso cada vez mayor en la distribución de emisiones de GEI a nivel mundial, por lo que su responsabilidad compartida aumenta.

Emisiones de GEI en América Latina y el Caribe

América Latina y el Caribe contribuyeron en 2011 con 9% de las emisiones de GEI globales. Las emisiones totales ascendían en ese año a 4.3 $GtCO_2e$, que representaban menos de la mitad de las emitidas por China, 70% de las que emitían los Estados Unidos y casi el equivalente a las que correspondían a la región de la Unión Europea. Sólo Brasil aportó 44% de ellas, seguido por México (18%), Argentina (10%) y Venezuela (10%) (figura VI.8).

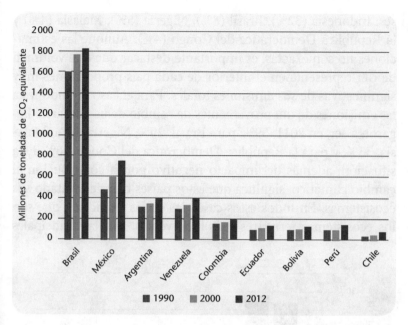

FIGURA VI.8. *Principales países emisores de* GEI *en América Latina y el Caribe. Fuente:* CAIT, 2015, Climate Data Explorer.

Resulta importante señalar que de estas emisiones totales 22% (1 GtCO$_2$e) proviene del cambio de uso de suelo, y sólo seis países aportan 75%: Brasil (30%), Venezuela (12%), Bolivia (9%), Ecuador (9%) Paraguay (8%) y Perú (7%), los cuales, excepto Paraguay, son países megadiversos, por lo cual, además de los efectos en el cambio climático, también existe un impacto negativo en la pérdida de la biodiversidad y los servicios ambientales.

Emisiones de GEI *provenientes del cambio de uso de suelo*

Las emisiones de GEI provenientes del cambio de uso de suelo en 2011 alcanzaron 2 GtCO$_2$e, lo cual representa 5% del total de las emisiones. De este volumen, 53% corresponde a sólo cinco países: Indonesia (32%), Brasil (8%), Nigeria (5%), Malasia (4%) y la República Democrática del Congo (4%). Aunque las estimaciones no son exactas, es importante destacar que este volumen de GEI representa en el interior de cada país proporciones muy significativas de sus emisiones totales. Para el caso de Indonesia las emisiones de GEI provenientes de cambio de uso de suelo llegaron a ser, en 2011, 59%; para Brasil, 20%; Nigeria, 35%; Malasia, 33%, y para la República Democrática del Congo, 46%. Esta situación, además del impacto negativo por la contribución al cambio climático, significa que estos países han deforestado sus ecosistemas. En todos estos casos las selvas tropicales, que son los ecosistemas terrestres más biodiversos, son las principales

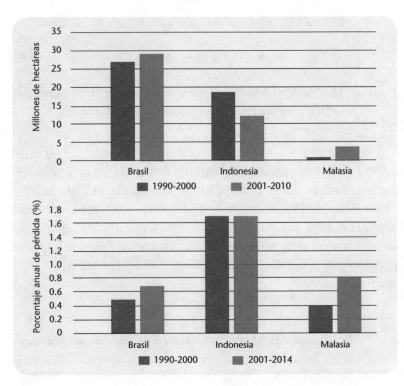

FIGURA VI.9. *Deforestación en Indonesia, Malasia y Brasil. Fuente: elaborado con datos de la FAO, 2015, y Global Forest Watch Climate, 2016.*

afectadas, contribuyendo con ello también a otro cambio global primordial: la pérdida de biodiversidad y de los servicios ambientales (figura VI.9).

Excepto por el caso de Nigeria, se trata de cuatro de los 17 países megadiversos en los que se encuentra la mayor riqueza de especies del mundo, muchas de las cuales son endemismos, es decir, sólo existen en esos territorios (figura VI.10). La pérdida de su hábitat por la deforestación pone en riesgo a estas poblaciones, y la extinción de las especies endémicas significa la desaparición de este germoplasma del planeta.

En contraste con lo señalado, las acciones de forestación, reforestación y las plantaciones han creado sumideros terrestres que absorben CO_2, el cual equivale a 1.7 $GtCO_2e$ de GEI. Los países que mayores volúmenes de CO_2 absorben por estas actividades son los Estados Unidos, China, Rusia, Japón, India y Alemania, los cuales en total absorben 70% de este volumen. Es interesante el caso de Costa Rica y Uruguay, que, gracias a la recuperación de la cobertura vegetal en sus países, compensan un poco más de 50% de las emisiones que generan, y de manera

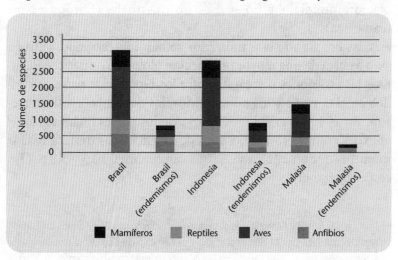

FIGURA VI.10. *Diversidad biológica de vertebrados y endemismos en Indonesia, Malasia y Brasil. Fuente: Mittermeier, 1997.*

muy destacada es el caso de Bután (688%), Kirguistán (144%), Letonia (127%) y Serbia (115%).

No cabe duda que existe una gran oportunidad para los países de disminuir sus emisiones de GEI si reducen la deforestación, lo cual además tendrá sinergias positivas con la reducción de la pérdida de biodiversidad, y si incrementan sus masas forestales tendrán cobeneficios ambientales y sociales significativos. Sin embargo, no puede perderse de vista que el incremento de la cobertura vegetal no siempre sucede de la forma deseable, ya que en muchas ocasiones no se toma en cuenta que las plantaciones comerciales monoespecíficas o con especies exóticas no contribuyen a la conservación de la biodiversidad, como en el caso de las extendidas plantaciones de palma africana *(Elaeis guineensis)* o eucalipto *(Eucalyptus* spp.).

Emisiones per cápita

Aunque las desigualdades entre países y regiones en cuanto a las emisiones per cápita han ido disminuyendo, 15% de la población mundial emitió 30% de los GEI totales (Europa y Norteamérica).

Las brechas de este indicador se han ido cerrando, pero ha sido a costa de una mayor producción global de GEI. Si comparamos las emisiones per cápita entre los bloques de países incluidos en el anexo 1 y los no incluidos, las diferencias disminuyeron. En 1990 las emisiones de GEI de los países incluidos en el anexo 1 eran de 18 tCO_2e, y las de no incluidos de 1.24 tCO_2e; mientras que en 2011 estas cifras cambiaron a 12.5 y 5.2 tCO_2e, respectivamente.

Indonesia, Brasil y Malasia aportan aproximadamente 35% de las emisiones del planeta por la deforestación y el cambio de uso de suelo. Su impacto negativo no sólo radica en la contribución al cambio climático, sino en la pérdida de la diversidad biológica y de los servicios ecosistémicos.

La medida de emisiones per cápita ayuda a visualizar la huella ecológica de emisiones de GEI por habitante. Se destaca que los países que más emiten CO_2 per cápita son países desarrollados como Australia, Estados Unidos, Canadá y Rusia.

Para comparar la diferencia entre Estados Unidos y China con base en el total de emisiones en términos absolutos anuales y emisiones per cápita, el reporte de las tendencias en emisiones de CO_2 a nivel mundial publicado en el 2015 por la PBL conjuntamente con el Centro de Investigación de la Unión Europea lo plantea claramente: China es hoy en día el país que más emite CO_2 en términos absolutos; sin embargo, Estados Unidos es el país con mayor huella ecológica por ciudadano.

Según cálculos recientes, China contamina el doble que Estados Unidos, después de haberlo alcanzado en total de emisiones hace 10 años. Además, China es el principal emisor debido a su alta población, desarrollo económico y dependencia de la industria del carbón. Por otro lado, las emisiones per cápita de

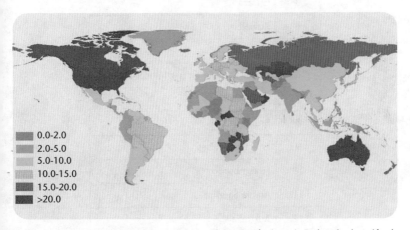

0.0-2.0
2.0-5.0
5.0-10.0
10.0-15.0
15.0-20.0
>20.0

Nota: Incluye emisiones de incendios forestales y deforestación (LULUCF). Excluye la absorción de CO_2 de crecimiento forestal y reforestación. Para GEI no relacionados con CO_2, los valores de PCP-100 fueron utilizados del segundo reporte del IPCC.

FIGURA VI.11. *Emisiones de CO_2 per cápita (en tCO_2e), de acuerdo con el mapa del Centro de Investigación de la Unión Europea y del PBL, con datos provenientes de la base de datos EDGAR de 2010.*

China son similares a los niveles de la Unión Europea, mientras que las emisiones per cápita de Estados Unidos son dos veces superiores a las de China y la Unión Europea. En la figura VI.11 se ilustran estos datos.

Por otro lado, los datos de 2013 que el CDIAC arroja de los países que más contaminan per cápita concuerdan con los datos de la EDGAR. Catar es el caso más extremo, cuya economía depende principalmente del petróleo, si bien en la lista de la clasificación de los principales 15 países aparecen también Australia, Estados Unidos, los Emiratos Árabes y Kuwait (cuadro VI.2).

CUADRO VI.2. *Clasificación por país del total de emisiones de CO_2 por quema de combustibles fósiles per cápita (2013)*

1	Catar
2	Trinidad y Tobago
3	Curazao
4	Kuwait
5	Bahréin
6	Isla de San Martín (parte neerlandesa)
7	Islas Malvinas
8	Brunéi
9	Emiratos Árabes
10	Luxemburgo
11	Arabia Saudita
12	Australia
13	Estados Unidos
14	Omán
15	Gibraltar

Fuente: Boden *et al.*, 2010.

En el contexto de las negociaciones internacionales, de las que se hablará en el capítulo VII, en la Convención Marco de las Naciones Unidas sobre Cambio Climático (CMNUCC), los países discuten las responsabilidades de cada nación a través de sus estimaciones en la disparidad de emisiones anuales de GEI en el planeta. Por otro lado, algunos expertos encuentran que el cálculo de las emisiones históricamente acumuladas es una mejor medida para identificar las responsabilidades de cada país. De hecho, esta propuesta la realizó Brasil ante la CMNUCC, y se basa en la responsabilidad histórica del calentamiento global provocado por cada país, dependiendo de su acumulación de GEI emitidos a través del tiempo. Brasil propuso que este enfoque obligaría a los países desarrollados, como Estados Unidos e Inglaterra, a comprometerse de manera más ambiciosa en la mitigación de GEI. De hecho, el IPCC menciona esta medida en sus reportes.

De acuerdo con una investigación científica del Instituto de Investigación de Nueva Zelanda, se considera que la medición acumulativa de emisiones GEI —a pesar de que el proceso de negociaciones sea complicado políticamente— es una medida ambiciosa para lograr las metas de mitigación a nivel global. Igualmente, critica el sesgo que se tiene al basarse en las emisiones absolutas anuales de GEI, refiriéndose al *Informe sobre la disparidad en las emisiones* del PNUMA, y argumenta que si se consideran las emisiones acumuladas históricamente, se logra una visión a largo plazo de compromisos de mitigación, un enfoque más realista, y sugiere que el IPCC debe considerarlo en su análisis de recomendaciones. Esta visión prevaleció y fue una de las condiciones que influyeron mayormente en el Protocolo de Kioto.

Como se ha descrito, la distribución global de las emisiones de todos los miembros de la CMNUCC ha cambiado en los últimos años, ya que algunos de los países en vías de desarrollo, el grupo "No Anexo I", emiten una mayor proporción de GEI. Esta fue una de las razones que promovió el cambio de paradigma hacia una participación global en la reducción de emisiones. Hoy en día, el debate ya no se centra en la diferencia entre los países desarrollados y los que están en desarrollo; ya hay un reconocimiento de que todos los países deben participar en la reducción de emisiones de manera global, aunque no necesariamente de la misma manera.

Durante la vigesimoprimera Conferencia de las Partes (COP 21), que se llevó a cabo en París en el 2015, se redactó el texto del Acuerdo que se implementará a partir del 2020. En contraste con el Protocolo de Kioto, tiene un enfoque que pasa de una visión de metas obligatorias a cumplir por los países del Anexo 1, hacia una visión de trayectoria voluntaria de cumplimiento de "contribuciones previstas y determinadas a nivel nacional" (INDC, por sus siglas en inglés).

Nuevos retos comunes pero diferenciados

Los datos aquí presentados obligan a reflexionar sobre las responsabilidades que tenemos todos los habitantes del planeta, sobre todo los países que mayores emisiones de GEI generan. Por ello, siempre se ha puesto en el centro de la discusión durante las reuniones de la Conferencia de las Partes (COP) —de la Convención Marco de las Naciones Unidas sobre el Cambio Climático (CMNUCC)—, como se narra en el capítulo VII, la necesidad de revisar a fondo las rutas por seguir para modificar las tendencias actuales y evitar una catástrofe irreversible por la interferencia humana en el sistema climático global.

Con el Acuerdo de París, firmado en 2015 durante la COP 21, se establecieron las bases para detener el cambio climático y enfrentar sus consecuencias mediante el desarrollo de distintas mediciones de GEI, que sirvieron como base para determinar cuándo se debe mitigar, a qué ritmo y bajo qué condiciones, dependiendo de su nivel de desarrollo. También a partir del Acuerdo de París, donde cada país presentó sus contribuciones previstas y determinadas a nivel nacional (INDC) post 2020, los países se basan en mediciones que van más allá del cálculo de emisiones de GEI totales. Algunos países como China se basan en la reducción de CO_2 con relación al PIB. Otros países, como México, Corea del Sur e Indonesia, se basan en reducciones de GEI con respecto a sus escenarios de referencia. La discusión actualmente está en determinar si la medida de emisiones de GEI debería basarse más bien en las emisiones históricamente acumuladas desde la era de la industrialización.

Tomando en cuenta la meta de no rebasar los 2 °C será necesario limitar las emisiones globales de GEI a aproximadamente 25 $GtCO_2e$ y las concentraciones de GEI en la atmósfera entre 450 y 500 ppm de CO_2e. Partiendo del principio de equidad básico —que debería regir para toda la humanidad y que consiste en que todos los habitantes del planeta tenemos el mismo derecho de beneficiarnos del uso de bienes comunes, como en el caso de la atmósfera, y considerando que en 2050 la población del planeta alcanzará la cifra de alrededor de 9 600 millones de habitantes—, entonces ello implica que cada habitante debería limitar sus emisiones a alrededor de 2 tCO_2e/año.

Como hemos visto en este capítulo, las emisiones per cápita son muy heterogéneas entre los países. Ello implica que los países que generan, en términos absolutos, la mayor cantidad de emisiones de GEI en el planeta, así como los que han rebasado las 2 tCO_2e/año per cápita, como México, deben definitivamente reducir las emisiones generadas. Los esfuerzos económicos que

> Debido a que todos los habitantes del planeta tenemos el mismo derecho de beneficiarnos del uso de la atmósfera, deberíamos limitar nuestras emisiones per cápita a 2 tCO_2e/año. En la actualidad el promedio es de 7.2 tCO_2e/año por persona.

esto significará serán enormes para todos los países, pero mucho menores que los costos de no actuar. Sin embargo, debe considerarse en la estrategia multilateral por seguir que, por un lado, los países desarrollados lograron su nivel económico gracias a no tener limitaciones para emitir GEI a la atmósfera, y, por el otro, que las economías de los países en desarrollo requieren crecer para superar los bajos niveles de bienestar, la gran inequidad en sus ingresos y la pobreza, pero que tampoco tienen ya la posibilidad de usar ese bien común ilimitadamente, ni de manera irresponsable.

El gran reto que enfrentamos es el de lograr un crecimiento económico adecuado y equitativo sin que ello implique un incremento inaceptable de las emisiones, y lograr, de manera transicional, la disminución de la tasa de crecimiento de dichas emisiones. Dicho de otra manera, se requiere ser más eficientes en el uso de la energía, incorporar nuevas formas de producción de energía y capturar el CO_2 proveniente de la quema de combustibles fósiles (véase el capítulo VIII). Por ello será necesario, como un elemental principio de justicia, que los países desarrollados que agotaron la capacidad de absorción de GEI de la atmósfera apoyen tanto económicamente como con transferencias tecnológicas a los países en desarrollo.

Por su parte, todos aquellos países cuyas emisiones proceden principalmente del cambio de uso del suelo y de la deforestación deben plantearse políticas internas para detener completamente la pérdida de sus ecosistemas naturales y hacer un uso sustentable de las prácticas productivas agropecuarias que eli-

El gran reto que tenemos como sociedades es lograr un crecimiento económico adecuado y equitativo sin que ello implique un incremento inaceptable de las emisiones de gases de efecto invernadero. Los países desarrollados que ya agotaron la capacidad de absorción de GEI de la atmósfera deben apoyar, tanto económicamente como con transferencia tecnológica, a los países en desarrollo.

minen el uso del fuego y disminuyan la aplicación de agroquímicos. Una política agresiva en este sentido, lejos de limitar el desarrollo, ayudaría no sólo a la reducción de la emisión de GEI globales, sino a la conservación de la biodiversidad mundial y del capital natural para el desarrollo de estos países. Existen múltiples ejemplos de alternativas productivas sustentables, compatibles con la conservación de los ecosistemas naturales, que pueden generar empleos e incrementar ingresos, mejorando las condiciones de vida de la población. Entre estas actividades productivas se puede mencionar el caso del manejo forestal sustentable, el aprovechamiento de la vida silvestre, el ecoturismo, las actividades agroforestales, las plantaciones comerciales, entre otras. Dichas actividades están incluso más acordes con las tradiciones de las comunidades indígenas y campesinas.[3]

También será necesario, reconociendo que las diferencias en la generación de emisiones no sólo existen entre países y regiones sino también dentro de los propios países, aplicar políticas nacionales para disminuir dichas diferencias. Ésta es una consecuencia de la fuerte relación que existe entre la generación de emisiones y el ingreso, y las grandes desigualdades en estilos de vida con diferentes intensidades en el consumo de energía, lo cual es un aspecto que se debe considerar para la mitigación del problema.

---

[3] Un análisis del uso sustentable del capital natural para el caso de México se puede encontrar en Conabio (2008).

VII. La respuesta de las naciones y los acuerdos internacionales

La primera Conferencia Mundial sobre el Clima, convocada por la Organización Meteorológica Mundial (omm) en Génova, Italia, en 1979, puso de manifiesto, por primera vez a nivel internacional, que el aumento de la temperatura y el cambio climático eran una amenaza real para el planeta. Esta Conferencia reunió a científicos de 185 países miembros de este organismo de las Naciones Unidas y tuvo como resultado el establecimiento de acciones concretas para prevenir y evitar los daños a los ecosistemas mediante objetivos establecidos en el Programa Mundial sobre el Clima (pmc).

Tal como se ha mencionado con anterioridad, el Grupo Intergubernamental de Expertos sobre el Cambio Climático (ipcc) es un panel creado en 1988, el cual está conformado por científicos de alto nivel de diversas nacionalidades y disciplinas cuya misión es revisar, validar y actualizar las evidencias científicas sobre los fenómenos del cambio climático. Los resultados de las investigaciones son presentados en informes de evaluación, lo que genera información para los diferentes sectores de la sociedad y facilita la toma de decisiones de los responsables de los diversos países.

El *Primer informe de evaluación* presentado por el ipcc en 1990 estableció las bases para las negociaciones que más tarde darían cabida a la integración de la Convención Marco de las

Naciones Unidas sobre el Cambio Climático (CMNUCC),[4] firmada por 154 países, en la llamada Cumbre de la Tierra, realizada en Rio de Janeiro, Brasil, en 1992. Esta Convención, que entró en vigor en 1994 y que en ese momento fue ratificada por 184 países, integró los principios discutidos durante la segunda Conferencia Mundial del Clima realizada en 1990. En ella se definió al cambio climático como una "preocupación común de la humanidad", así como la importancia de la equidad y las responsabilidades comunes, pero diferenciadas, entre los países desarrollados y aquellos en vías de desarrollo, además del desarrollo sostenible y el principio precautorio. Asimismo, durante la Cumbre de Rio se adoptaron otros acuerdos que incluyen la Declaración de Rio, la Agenda 21, la Convención sobre Diversidad Biológica y la Declaración de Principios sobre los Bosques.

La CMNUCC tiene como objetivo estabilizar las emisiones de gases de efecto invernadero en la atmósfera a un nivel tal que las actividades humanas no generen una condición peligrosa al equilibrio del planeta y en un plazo suficiente para que los ecosistemas puedan adaptarse naturalmente al cambio que ya se ha dado en el clima. Entre otras cosas, se busca garantizar que la producción de alimentos no sea amenazada, manteniendo un desarrollo económico sustentable.

Con el propósito de conservar un espacio abierto para la discusión y el diálogo entre todos los países que forman parte de esta Convención Marco, cada año se realiza la llamada Conferencia de las Partes (COP) (cuadro VII.1). La primera se llevó a cabo en 1995 en Berlín, con 117 países como asistentes, quienes firmaron el llamado Mandato de Berlín, mediante el cual se dio inicio a un periodo de dos años y medio de negociaciones para reducir en una cantidad específica las emisiones de gases de efecto invernadero de los países industrializados, dentro de un plazo establecido. La primera serie de negociaciones culminó

---

[4] La CMNUCC se encuentra formada por 192 Estados miembros de las Naciones Unidas.

CUADRO VII.1. *Cronología de atención internacional al cambio climático. La Conferencia de las Partes (*COP*, por sus siglas en inglés) es el órgano rector de la Convención Marco de las Naciones Unidas sobre el Cambio Climático (*CMNUCC*), y entró en vigor en 1994 con el objetivo de reducir las concentraciones de gases de efecto invernadero (*GEI*) en la atmósfera*

Reunión	Lugar y fecha
Primera Conferencia Mundial sobre el Clima	Génova, 1979
Segunda Conferencia Mundial sobre el Clima	Ginebra, 1990
Convención Marco de las Naciones Unidas sobre el Cambio Climático (CMNUCC)	Rio de Janeiro, 1992
COP 1	Berlín, 1995
COP 2	Ginebra, 1996
COP 3	Kioto, 1997
COP 4	Buenos Aires, 1998
COP 5	Bonn, 1999
COP 6	La Haya, 2000; Bonn, 2001
COP 7	Marrakech, 2001
COP 8	Nueva Delhi, 2002
COP 9	Milán, 2003
COP 10	Buenos Aires, 2004
COP 11	Montreal, 2005
COP 12	Nairobi, 2006
COP 13	Bali, 2007
COP 14	Poznan, 2008
COP 15	Copenhague, 2009
COP 16	Cancún, 2010
COP 17	Durban, 2011
COP 18	Doha, 2012
COP 19	Varsovia, 2013
COP 20	Lima, 2014
COP 21	París, 2015
COP 22	Marrakech, 2016

con la firma en 1997 del Protocolo de Kioto, la cual se llevó a cabo dentro del marco de la COP 3 realizada en la ciudad japonesa del mismo nombre, y que entró en operación en 2005, con la firma y ratificación de 184 países, siendo los Estados Unidos y Kazajistán los únicos que no lo ratificaron.

El objetivo del Protocolo de Kioto fue reducir, en al menos 5.5%, las emisiones de los gases de efecto invernadero entre 2008 y 2012, en relación a las emisiones registradas en 1990 a nivel global. Este compromiso era obligatorio únicamente para los países industrializados (Anexo I), ya que, como se mencionó anteriormente, de acuerdo con la Convención Marco, "las responsabilidades son compartidas pero diferenciadas".

En términos generales, los países desarrollados se comprometieron a tomar medidas para limitar las emisiones y compartir información sobre sus programas de acción climática e inventarios de gases de efecto invernadero; a promover la transferencia de tecnología; a cooperar en investigación científica y técnica; a concientizar a la población, y a promover la educación y el entrenamiento en este tema, además de reiterar la necesidad de proveer recursos financieros adicionales para solventar el costo de estos deberes en los países en desarrollo.

Esto provocó grandes controversias entre los países firmantes, ya que si bien los países desarrollados reconocieron que han contribuido mayormente a la emisión de gases de efecto invernadero y al cambio climático, los países en vías de desarrollo también han contribuido significativamente al problema, como es el caso de China, India o Brasil, los cuales, dado el crecimiento económico que han tenido, se han convertido en importantes emisores.

El Protocolo de Kioto fue considerado como un primer paso hacia un sistema multilateral de reducción de emisiones de GEI. No obstante, las metas obligatorias por país en objetivos fijos y tiempos límite generaron dificultades al implementarlas. Es importante señalar que los Estados Unidos no ratificaron el Protocolo de Kioto, y que, años después, Canadá y Japón se retiraron al darse cuenta que no alcanzarían las metas comprometidas.

Durante los siguientes años (entre la COP 4 y la COP 10) la discusión global se centró principalmente en los mecanismos de apoyo financiero y de transferencia de tecnología, desde los países industrializados hacia los países en vías de desarrollo, así como en la construcción de capacidades para los países en desarrollo. Cabe destacar que en 2001, durante la COP 7, realizada en la ciudad de Marrakech, se estableció un esquema de regulación y operación para el comercio de emisiones (permisos de emisión, implementación conjunta, mecanismos de desarrollo limpio), el cual quedó plasmado en el Plan de Marrakech.

En 2005 se realizó la COP 11 en Montreal, donde se adoptaron oficialmente los Acuerdos de Marrakech e iniciaron las negociaciones para definir las acciones por realizarse en 2012, una vez cumplido el periodo estipulado por el Protocolo de Kioto. Estas negociaciones se conocen como "poskioto".

En el año 2007 se presentó el Plan Estratégico de Bali en el marco de la COP 13, con miras a la definición de acciones concretas para la cooperación poskioto; los principales temas que se abordaron fueron: la mitigación, la adaptación, las finanzas y la tecnología. También en este año el IPCC presentó su cuarto informe sobre el cambio climático, en el que publicó información que valida que el calentamiento global está fuertemente asociado a las actividades humanas y la estimación de que, de seguir con la tendencia actual, la temperatura del planeta podría aumentar entre 1.1 y 6.4 °C durante el presente siglo.

Manteniendo el liderazgo mostrado con respecto al cambio climático, durante la reunión del G8 (los países más ricos del mundo) realizada en Roma en 2009, México propuso la creación de un "fondo verde", mediante el cual todos los países deberán aportar, de acuerdo con su capacidad, recursos económicos en un fondo común para financiar proyectos de adaptación, transferencia tecnológica y construcción de capacidades.

En la COP 15, realizada en Copenhague en diciembre de 2009, se llegó al consenso de que es necesario mantener el incremento de la temperatura promedio mundial por debajo de

2 °C, y se tomó nota del denominado Acuerdo de Copenhague, que establece el compromiso de reducir las emisiones hasta un nivel que permita alcanzar los objetivos de no incrementar la temperatura más de 2 °C y la propuesta de crear un "Fondo Verde". No fue sino hasta diciembre de 2010, en la cop 16, realizada en Cancún, México, cuando se estableció formalmente la meta común de mantener el incremento de la temperatura global por debajo de los 2 °C. Además se avanzó en la creación de un mecanismo que permite que todos los países, desarrollados o no, puedan contar con tecnología amigable con el medio ambiente, y así reducir las emisiones contaminantes que genera su actividad económica. Se establecieron los Centros Regionales de Investigación y Desarrollo y el Mecanismo de Cancún para la Adaptación, mediante el cual se apoya a los países menos desarrollados y más vulnerables para que puedan tomar medidas frente al cambio climático. Finalmente, se comprometió un fondo climático, el Fondo Verde, para financiar proyectos de mitigación y adaptación en todo el mundo, particularmente en los países en desarrollo.

En la cop 17 se aprobó la Plataforma de Durban, en la cual se definió la ruta de las negociaciones que deberían seguirse para lograr un acuerdo global en la cop 21, negociaciones que continuaron durante la cop 18, 19 y 20.

El Acuerdo de París

La cop 21 se llevó a cabo en París en diciembre de 2015. Con este evento culminó un intenso proceso de negociación que logró la adopción de un acuerdo que marca un giro en la historia de las negociaciones sobre el cambio climático en varios sentidos: el llamado Acuerdo de París es el más exhaustivo, universal y balanceado que se haya firmado en la historia de las Conferencias de las Partes, por lo que sienta finalmente las bases para detener el cambio climático y enfrentar sus consecuencias a escala global. Dispone que todos los países, de manera voluntaria y sin

149

distinción alguna, definan su contribución nacional en términos de reducción de emisiones y se comprometan a comunicar e implementar sus compromisos, que deben ser ambiciosos. También, precisa mecanismos de transparencia y rendición de cuentas para verificar los compromisos, no sólo en términos de reducción de emisiones y esfuerzos de adaptación, sino también de apoyos en términos de financiamiento, transferencia de tecnología y desarrollo de capacidades. Por otra parte, es flexible y contempla procesos de revisión periódicos, al menos cada cinco años, con miras a aumentar su nivel de exigencia; aspira a la equidad, al construirse sobre la base del principio de responsabilidades comunes pero diferenciadas, incorporando preceptos encaminados a apoyar a los países menos desarrollados y a los más vulnerables ante los impactos del cambio climático.

El Acuerdo de París se encamina a lograr la meta deseada de no sobrepasar 2 °C el calentamiento promedio de la superficie del planeta respecto de la era preindustrial, que como se mencionó anteriormente fue la meta previamente acordada en la COP 16, en Cancún, en el año 2010.

El conjunto de las INDC deberían de sumar, en un principio, lo suficiente para poder llegar a la meta establecida respecto al límite de 2 °C de alza de la temperatura global. Sin embargo, de acuerdo con diferentes análisis y estudios, las INDC presentadas en la COP 21 no limitarán el incremento de temperatura de la superficie a 2 °C para el año 2100, aunque sí disminuye el riesgo de que aumente más de 4 o 5 grados. La expectativa es que se examinen y refuercen las INDC cada 5 años para así poder lograr la meta deseada.

El 4 de noviembre de 2016 entró en vigor el Acuerdo de París. Para ello se requirió la ratificación de al menos 55 miembros de la CMNUCC, equivalentes a un 55% de las emisiones globales de GEI; más de 80 países lo ratificaron en 2016.

Para cumplir con las metas establecidas en el acuerdo, habrá que fomentar cambios profundos en la manera como la sociedad produce y consume energía y otros bienes, y en última instancia en su modelo de desarrollo. Además, será importante consolidar el financiamiento necesario tanto para reducir las emisiones como para adaptarse a aquellos impactos del cambio climático que ya son inevitables.

Aunque el costo económico relacionado con las medidas requeridas por el acuerdo es importante, es mucho menor que el costo probable de los impactos que ocasionaría el cambio climático, si no se implementaran dichas medidas.

Enfrentar el cambio climático con determinación exige transitar hacia una economía de bajas emisiones de GEI, más eficiente en el uso de recursos, y más resistente a los impactos del cambio climático, tal y como se comentó en el capítulo VI. Esta transformación presenta la oportunidad de un estímulo al crecimiento económico que, en resumidas cuentas, logre un mayor bienestar social.

La expectativa es que todas las partes puedan hacerle frente al cambio climático tratando de evitar un aumento de 2 °C en el calentamiento del planeta.

Existen varios instrumentos de política internacional además de la CMNUCC, como el Protocolo de Montreal, la Agenda 2030 sobre los Objetivos de Desarrollo Sostenible, y la Organización Internacional de Aviación Civil, que intentan que los gobiernos de los países se comprometan a reducir de manera conjunta sus emisiones. Sin embargo, la ambición debe ir más allá de los gobiernos; las organizaciones de la sociedad civil y el sector privado, entre otros, tendrán que sumarse a la lucha para implementar iniciativas de mitigación más ambiciosas.

VIII. La economía y el cambio climático

Sin duda alguna el tema del cambio climático tomó relevancia en el mundo cuando quedó de manifiesto que se trata de un problema, además de ambiental, de grandes implicaciones económicas y sociales para la humanidad. Los impactos del cambio climático ya están ocurriendo en diversas regiones del mundo, y los costos económicos son patentes en muchos países debido, por ejemplo, a las sequías y a la ocurrencia más frecuente de eventos meteorológicos extremos, como tormentas y huracanes. De seguir las tendencias actuales de emisiones de gases de efecto invernadero (GEI), los impactos ambientales pueden resultar en una catástrofe social y económica. Por ello, es imperativo transformar la economía con un nuevo modelo de producción de baja intensidad de carbono. Hoy existe suficiente evidencia científica para actuar decididamente a nivel internacional con el objetivo de reducir las emisiones y tomar acciones que disminuyan la vulnerabilidad de nuestras sociedades a los impactos del cambio climático.

En este capítulo abordaremos algunos conceptos fundamentales de la economía del cambio climático para entender los costos y beneficios de la mitigación y la adaptación. El mensaje es muy sencillo: debemos entender la política de cambio climático como un problema de manejo de riesgos. De la misma forma en que existe un acuerdo entre los científicos sobre el cambio climático y los riesgos ambientales, hay consenso entre los economistas que estudian este problema en el sentido de que es necesario tomar medidas inmediatas para reducir los riesgos y desarrollar las tecnologías necesarias. Así como nos preparamos para afrontar problemas como los accidentes o las enfermedades comprando seguros e invirtiendo en cuidados preventivos a fin de evitar repercusiones más serias (y más costosas), tratar el riesgo del cambio climático requiere de acciones hoy para reducir los posibles impactos presentes y futuros —potencialmente irreversibles y peligrosos— que resultarían de dañar el equilibrio térmico de la Tierra.

Como veremos en este capítulo, tomar las acciones necesarias contra el cambio climático no sólo es la decisión adecuada desde el punto de vista ético, sino que además es claramente la decisión económica más inteligente, dado que los probables impactos del calentamiento global tendrían un costo muy superior al de las acciones necesarias para mitigar el riesgo.

EXTERNALIDADES Y BIENES PÚBLICOS GLOBALES

Como ya se ha revisado en los capítulos anteriores, el cambio climático se vincula directamente con el uso de combustibles fósiles y el crecimiento de la población mundial. A partir de la Revolución Industrial el uso del carbón y el petróleo creció exponencialmente, y con ello las emisiones de gases de efecto invernadero. Por una parte, el uso de la energía fósil ha permitido un gran desarrollo económico, con el que se ha logrado elevar los niveles de bienestar en muchas regiones del mundo. Por otra, sin embargo, el desarrollo industrial ha ocasionado diversos problemas ambientales, entre ellos el cambio climático. ¿Por qué la sociedad genera estos daños ambientales que pueden ocasionarle tantos problemas?

En general, la economía está basada en vender y comprar en el mercado en beneficio tanto de los vendedores como de los compradores. Pero ¿qué sucede cuando hay "efectos externos negativos" o "externalidades", es decir, costos que los agentes económicos imponen a otros sin pagar un precio por sus acciones? La economía ambiental, un área de la economía, trata de dar respuesta a esta pregunta. Desde la última mitad del siglo XX los patrones de producción industrial y agrícola han seguido la lógica de maximizar la ganancia y minimizar los costos de producción, sin considerar el costo del daño al medio ambiente. De esta forma se ha ignorado una fracción importante de los costos de producción, como es el caso del costo social de arrojar ilimitadamente los desechos al aire y al agua, o de usar los recursos hasta su agotamiento. Al paso del tiempo, este "ahorro" de corto plazo se ha convertido en un severo incremento de los costos de la producción, algunos a corto plazo y otros transferidos a las siguientes generaciones.

En primer lugar, la economía ambiental estudia cómo podemos valorar los daños ambientales y, después, trata de proponer soluciones para que en las transacciones de mercado se consideren, o se "internalicen", dichos costos. Así pues, el primer elemento para contestar por qué la sociedad genera daños ambientales que en su conjunto le ocasionan más daños que beneficios, desde el punto de vista de la economía, es la falla del mercado como mecanismo de coordinación ante la presencia de costos que no son considerados por los agentes económicos. En otras palabras, para corregir el problema de las externalidades se requieren políticas para que las personas valoren el medio ambiente y paguen los costos necesarios para protegerlo.

Actualmente sabemos que la emisión de bióxido de carbono y otros GEI puede ocasionar impactos severos en la economía de muchos países así como en el equilibrio ecológico, pero los países siguen produciendo GEI porque no enfrentan un costo económico por sus emisiones; esto constituye una externalidad. La mayoría de los economistas señalan que una medida necesaria para corregir el problema del cambio climático es poner un precio al CO_2, de tal forma que las empresas y las personas consideren el costo de la contaminación. ¿Qué tipo de cambios podríamos esperar si hubiera un costo al CO_2? Dependiendo del nivel del precio del CO_2 veríamos, por ejemplo, que algunas tecnologías limpias que actualmente no se ocupan por ser más caras que los combustibles fósiles podrían ser competitivas. Otro ejemplo es que las personas, al tener que pagar más por la gasolina, tratarían de usar otros medios de transporte, por ejemplo el metro, la bicicleta o caminar cuando sea posible. Es decir, tanto las empresas como las personas deben cambiar formas de producción y hábitos de consumo.

Como ha señalado el economista Richard Tol (2009a), el cambio climático es "la madre de todas las externalidades ambientales por su dimensión, por su complejidad y por las incertidumbres inherentes al problema". No sólo se imponen costos a otras personas, sino que dichos costos se trasladan a diferentes países y momentos, afectando a las futuras generaciones. En adición, las personas que se benefician de la mitigación no son necesariamente aquellas que la deberían llevar a cabo. Por ejemplo, las emisiones de los países industrializados generan graves daños a países pobres que han contribuido muy poco al problema del cambio climático; tal es el caso de muchos países en el África subsahariana, donde ya sufren los efectos de las sequías en la agricultura, o de los habitantes de islas del Pacífico, donde se podría perder gran parte de su territorio debido al incremento del nivel del mar.

Un segundo elemento para entender por qué la sociedad sigue emitiendo gases de efecto invernadero a pesar de los graves daños que ocasiona es lo que en economía ambiental se conoce como el "problema de los bienes públicos". En su famoso artículo "La tragedia de los comunes", Garrett Hardin describe el caso de un terreno común en el que varias personas llevan su ganado a pastar. Cada ganadero tiene incentivos para incrementar sus vacas ilimitadamente aun cuando la tierra común es limitada, lo que lleva a la degradación del campo común y a la ruina de todos los ganaderos. Esta analogía tan básica se ha aplicado a muchos problemas económicos (y políticos), pues ejemplifica una situación en la que la cooperación puede llevar a un mejor resultado, pero si se deja a los individuos actuar guiados únicamente por su beneficio individual, el resultado no será satisfactorio. Es decir, en estas situaciones se requiere de sistemas legales diferentes que fomenten la cooperación por el bien común.

Esta analogía es útil para entender el problema del cambio climático. Los países utilizan la atmósfera como un bien público arrojando sus emisiones de GEI ilimitadamente. Sobrepasar los límites de la atmósfera conlleva consecuencias trágicas para todos los países, pero el sistema internacional actual no ha logrado, a la fecha, un acuerdo que funcione efectivamente para reducir las emisiones. Un elemento fundamental por subrayar es que todos los países estarían mejor si cooperaran; el problema es que dicha cooperación no es de esperarse cuando hay bienes públicos, por lo que se requiere un cambio en el sistema legal o en las "reglas del juego" para reducir emisiones.[5]

Finalmente, un tercer elemento asociado a los bienes públicos es el "problema del polizón": los países tienen incentivos para dejar a otros pagar por la reducción de emisiones. En general, hay un acuerdo internacional de que debemos proteger la atmósfera, pero en el momento de definir el límite de emisión de cada uno de los países, hay incentivos para ir de "polizón" en el viaje y evitar los costos. Dado que todos nos beneficiaríamos de que se mantenga el equilibrio climático de la misma forma sin posibilidad de excluir a los países que no cooperen, nadie quiere pagar el costo. Es por ello que para prevenir el cambio climático se requiere de la actuación coordinada de los gobiernos. Algunos economistas recomiendan castigar

---

[5] Por supuesto, el problema de los comunes no solamente se manifiesta en el tema del cambio climático; muchos otros problemas ambientales tales como la contaminación de los océanos, la deforestación y la erosión del suelo también tienen su raíz en el uso abusivo de los bienes públicos.

con medidas económicas a los países que no reduzcan sus emisiones para controlar el problema del polizón.[6]

En conclusión, tanto las externalidades como los bienes públicos se consideran "fallas de mercado". Es decir, los economistas consideran que los mercados no podrán resolver por sí mismos los problemas donde se tengan externalidades o donde los bienes presenten características de bienes públicos, puesto que las personas (o los países) no cuentan con los incentivos necesarios para considerar todos los costos de sus acciones, o porque al no existir derechos claros de propiedad (por ejemplo, nadie posee la atmósfera) se enfrentan problemas para la acción colectiva, como el problema del polizón. Las recomendaciones de los economistas son: *a)* establecer un precio a las emisiones de CO_2 y *b)* asegurarnos de que todos los países cooperen a través de incentivos legales adecuados (y castigos a los polizones). Muy bien, pero ¿cómo podemos saber cuál debe ser el precio del CO_2? ¿Y qué tipo de incentivos económicos deben incluir los acuerdos internacionales?

LOS MODELOS INTEGRALES DE ECONOMÍA Y CAMBIO CLIMÁTICO

Ya desde la negociación del Protocolo de Kioto había quedado muy clara la preocupación por las consecuencias económicas del cambio climático. Pero no fue sino hasta que los estudios económicos presentaron escenarios convincentes de la relación entre el cambio climático y la economía global que se dio un giro en el involucramiento de los gobiernos y de la sociedad para encontrar una solución al problema. De hecho, el IPCC tiene un grupo de trabajo dedicado específicamente a estudios de mitigación que reúne a expertos de muchos países para estudiar el avance e

---

[6] Por ejemplo, algunos países han propuesto imponer sanciones en el comercio internacional a los países que no tengan metas de reducción de emisiones.

identificar las áreas que requieren mayor investigación para estimar los costos de la política climática. El trabajo de este grupo se presentó en el *Quinto informe de evaluación* del IPCC (2014).

Entre los economistas destacados que han contribuido a este tema se encuentran William Nordhaus (Universidad de Yale), Nicholas Stern (London School of Economics), Richard S. J. Tol (Vrije Universiteit Amsterdam), Martin Weitzman (Universidad de Harvard), Gary W. Yohe (Wesleyan University), Robert O. Mendelsohn (Universidad de Yale) y Henry D. Jacoby (Instituto Tecnológico de Massachusetts), entre otros.

¿Es posible poner un precio a los efectos del calentamiento global? La cooperación entre científicos y economistas para contestar adecuadamente esta pregunta y enfrentar el riesgo del cambio climático es indispensable. Actualmente los métodos más reconocidos son aquellos que incorporan el conocimiento del sistema climático y del sistema económico, conocidos como "modelos integrales de economía y cambio climático". Puesto que las emisiones tienen impactos que se prolongan por muchos años, se requieren modelos para proyectar las emisiones y costos por varias décadas.[7] Es por ello que el uso de modelos es tan importante para entender el costo del cambio climático.

La idea central de estas metodologías es que la sociedad modifica el clima y la naturaleza, y es a la vez afectada por los desequilibrios que se derivan de esto. Al incorporar sistemáticamente las principales dinámicas que generan las emisiones y los daños, se busca encontrar un equilibrio entre los costos y los beneficios. La figura VIII.1 muestra cómo se relacionan típicamente las diferentes variables ambientales y económicas en los modelos de valoración integrada.

El precio del CO_2, en principio, debe estar asociado a los daños que se podrían generar de no reducirse las emisiones y con el costo de mitigarlos. Los daños a su vez están relacionados

---

[7] Los modelos típicamente estiman escenarios hasta el año 2100, y más recientemente han tratado de simular escenarios hasta el año 2200.

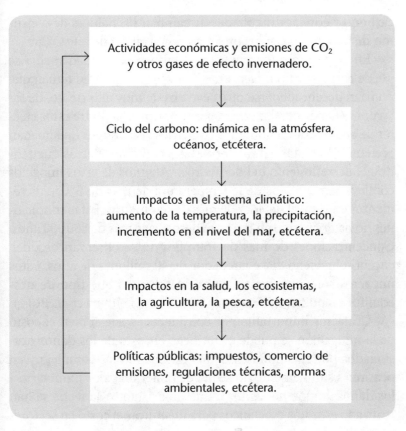

FIGURA VIII.1. *Modelos integrales de economía y cambio climático.*

con los impactos económicos de un clima diferente, y de forma muy importante con algunos de los eventos que podrían ocasionarse con el cambio climático, que, aunque poco probables, de ocurrir podrían ser catastróficos.[8] Es decir, para determinar los daños se requiere información que caracterice los posibles riesgos en los sistemas naturales y sociales. Los costos de mitigar a su vez se relacionan con el estado de las tecnologías de bajo

[8] Estos eventos se conocen como "eventos en las colas", pues son aquellos que ocurren si se dan las temperaturas en los extremos de la distribución de probabilidad que resultan de los modelos climáticos.

carbono y con las dificultades de cambiar los hábitos de consumo de las personas y los procesos de las empresas.

En adición a estos impactos —cuya probabilidad media se puede caracterizar en cierta medida—, los científicos temen que podrían desencadenarse otros eventos de muy alto riesgo, de los cuales se tiene actualmente menos información. Entre estos efectos se encuentran fenómenos con ciclos recurrentes que puedan acelerar el calentamiento global, tales como los efectos que tendría el derretimiento del permafrost. Algunos de estos impactos conllevarían cambios de la temperatura de más de 5 °C e incrementos en el nivel del mar de más de seis metros. Estas condiciones no han ocurrido en la Tierra desde hace más de 800 000 años. Concentraciones de más de 750 ppm no se observan desde el eoceno-oligoceno, hace alrededor de 40 millones de años. Estos impactos son muy graves, pues no sabemos qué tipo de desequilibrios pudieran ocasionar en la Tierra (Molina *et al.*, 2014).

Un factor importante por considerar es que si bien el costo de la mitigación se puede cuantificar, el costo de los daños ocasionados por el cambio climático es mucho más complejo y en ocasiones simplemente no se puede poner un valor monetario a los daños, lo que no significa que no existan. A la fecha se han realizado estudios específicos para identificar el costo en sectores sensibles tales como la agricultura, que depende tanto del clima (Mendelsohn y Dinar, 1999; Mendelsohn, 2014; Mendelsohn y Nordhaus, 1999; Kurukulasuriya *et al.*, 2006; Yohe, 1991), el aumento del nivel del mar (Yohe, 1991; Yohe *et al.*, 1995; Hansen, 2010; Tol, 2009b) y el turismo (Rosselló-Nadal, 2014). Otros impactos, como los daños a la salud por enfermedades como la malaria, también generarían pérdidas económicas y una reducción en el bienestar social; sin embargo se requieren más estudios para entender las dimensiones económicas de estos impactos. Los daños en los ecosistemas también deben considerarse, y en ocasiones es muy difícil estimar cuál es la pérdida económica.

Uno de los pioneros en integrar los costos ambientales al estudio del crecimiento económico fue William Nordhaus: su modelo DICE (Dynamic Integrated Climate Economy), que integra un modelo de crecimiento económico neoclásico, las emisiones y una función de daño ambiental, es uno de los trabajos más citados a nivel mundial (Nordhaus, 2008). A partir de la idea de integrar las variables ambientales al análisis económico se han desarrollado muchos modelos a lo largo de tres décadas de estudios económicos del cambio climático (Kolstad y Toldman, 2005). El modelo de Nordhaus es uno de los más conocidos, ya que es un modelo relativamente sencillo que ayuda a ilustrar los componentes de costo y daño.

Sin embargo, conforme se estudian distintos sectores e impactos es necesario añadir complejidad a los modelos (Nordhaus, 2013). Por ejemplo, en los Estados Unidos se utilizan otros modelos, como el NEMS (National Energy Modeling System), modelo del Departamento de Energía de los Estados Unidos para el estudio de la política energética; el IGEM (Intertemporal General Equilibrium Model), modelo dinámico de la economía de los Estados Unidos de Dale Jorgenson de la Universidad de Harvard, y el EPPA (Emissions Prediction and Policy Analysis), un modelo de equilibrio general global desarrollado por el Programa Conjunto de Ciencia y Políticas sobre el Cambio Global del MIT, dirigido por John Reilly y Ron Prinn.

Otros modelos a nivel internacional son los modelos PAGE (Policy Analysis of The Greenhouse Effect, Universidad de Cambridge), WITCH (World Induced Technical Change Hybrid, Fundación Eni Enrico Mattei), Message (Model for Energy Supply Strategy Alternatives and their General Environmental Impact, Instituto Internacional de Análisis Aplicado de Sistemas, IIASA), Fund (Climate Framework for Uncertainty, Negotiation and Distribution, Richard Tol), entre otros. El modelo PAGE, por ejemplo, desarrollado por Chris Hope y sus colegas en la Universidad de Cambridge, fue utilizado por Nicholas Stern en su estudio sobre la economía del cambio climático *(Stern Review on the Economics of Climate Change)*, conocido como el Informe Stern.

Los escenarios toman en cuenta factores socioeconómicos que influyen en las emisiones y en la capacidad de responder al cambio climático. Un total de cuatro escenarios fueron valorados; todos se consideran futuros posibles. Los escenarios se definen como "rutas representativas de concentraciones" o RCP. Las rutas indican diferentes forzamientos radiativos de 2.6, 4.5, 6.0 y 8.5 watts por metro cuadrado, que corresponden a 450, 650, 850, y 1 370 ppm de CO_2e en el año 2 100. Estos niveles se eligieron porque representan un rango representativo de las emisiones que se encuentran en la literatura. Con estos escenarios se evalúan casos de referencia con política de mitigación, y casos sin ella. Los escenarios varían en cuanto a los supuestos socioeconómicos. Hacia 2100, por ejemplo, respecto al crecimiento económico se espera que el ingreso per cápita se incremente en un rango de entre 3 y 8 veces, al mismo tiempo la intensidad energética podría reducirse entre 40 y 80%, y la población se estima entre 9 000 y 10 000 millones de personas. De esta forma se estudian las posibles incertidumbres en estas variables, y la posible interferencia de la sociedad en el sistema climático.

¿Qué nos enseñan los modelos integrales de economía y cambio climático? Los modelos buscan ayudarnos a contestar preguntas como qué tanto debemos reducir las emisiones, qué tan rápido, cuáles son las medidas más eficientes, qué industrias incurrirán en mayores costos, cómo se distribuirán los costos en la sociedad y en los distintos países, y cuáles son los temas que requieren mayor investigación para mejorar la toma de decisiones.

El Informe Stern concluye que el costo anual de reducir hacia el año 2050 las emisiones de GEI a aproximadamente tres cuartas partes de los niveles actuales estaría en el rango de −1% a +3.5% del PIB, consistente con un nivel de estabilización de 550 ppm de CO_2e. La conclusión central del reporte es que la mitigación del cambio climático es factible técnica y económicamente a un costo de alrededor de 1% del PIB. Por otro lado,

Nordhaus también reporta que una política adecuada de mitigación costaría entre 1.5 y 2% del PIB (Nordhaus, 2013).

Una consideración importante que hace Nordhaus es que el resultado de 1 a 2% del PIB como costo de mitigación se refiere a un escenario en el que todos los países cooperan y se logran las reducciones a mínimo costo. Los costos de mitigación aumentan si la política es fragmentada (con países que no cooperan) y si se hacen excepciones a ciertos sectores (por ejemplo, si no se incluye al sector agrícola), lo que puede aumentar rápidamente el costo de mitigar. Por otro lado, Nordhaus señala que existen múltiples incertidumbres en la valoración del daño, lo cual también debe tomarse en cuenta para mejorar las estimaciones del costo de dichos daños (Nordhaus, 2013).

Nicholas Stern señala que efectivamente las incertidumbres en la valoración del daño ambiental son muy altas, y concuerda en que las metodologías para estimar los costos de los impactos deben de mejorarse para evitar una subestimación de los impactos (Stern, 2013). Stern señala que es conveniente contar con más información para caracterizar los riesgos provenientes de los modelos científicos, y en particular de los modelos económicos. Por ejemplo, muchos modelos incluyen únicamente el valor esperado —utilizando el cambio de temperatura media para determinar los daños— sin considerar los impactos de menor probabilidad pero de graves consecuencias. Éste es un problema grave que debe corregirse en la estimación del daño ambiental, como han sugerido también Martin Weitzman y Robert Pindyck (Weitzman, 2011; Pindyck, 2013). Este último en particular aconseja tomar los resultados de los modelos simplificados con mucha precaución, para no subestimar el costo social del carbono.

Stern señala, por ejemplo, que la intensificación de la desertificación, las sequías y el estrés hídrico podrían dañar a miles de millones de personas. Sin embargo, considera que a la fecha no existe suficiente énfasis en investigar cómo los impactos dañarán la vida de las personas, por lo que los modelos deben de ampliarse para considerar otros impactos, poniendo en el centro del análisis las necesidades básicas de las personas y sus medios de supervivencia. En su opinión, los economistas necesitan pensar más en los procesos de daños y destrucción para integrar el análisis de las catástrofes. Algunas recomendaciones que brinda Stern para mejorar los modelos son: integrar los daños en el capital social, organizacional y ambiental; considerar la disminución de las reservas de capital y tierra; cuantificar la reducción en la productividad de los factores, y medir los daños en el crecimiento endógeno de la economía.

En general, dado que se requiere más investigación para entender la multitud de impactos que podría ocasionar el cambio climático, las estimaciones actuales de los daños pueden considerarse como estimados muy conservadores. Es decir, muchos de los costos de los daños no han sido cuantificados —y probablemente sea muy difícil expresarlos en dólares—, por lo que hay que mantener esto en mente cuando se presentan cifras del costo social del carbono.

En los Estados Unidos, por ejemplo, se utilizaron tres modelos económicos (DICE, PAGE y Fund) para estimar un costo actual de 37 dólares por tonelada de CO_2, estimación que se utiliza en la evaluación de proyectos gubernamentales. Evidentemente, este costo no es realista, y además es aún bajo para incentivar las reducciones necesarias; sin embargo es un paso en la dirección adecuada para incorporar los costos del cambio climático en las decisiones de las personas. En resumen, a pesar de las dificultades para estimar el costo de los daños ocasionados si no se mitigaran las emisiones de GEI, la conclusión es claramente que estos costos serían muy superiores a los costos de reducir las emisiones. Por esto, el precio que se le imponga a las emisiones de GEI en un acuerdo internacional debe de estar determinado por consideraciones prácticas y políticamente realistas, sabiendo que ese precio es considerablemente menor que el costo real de los daños potencialmente ocasionados por las emisiones.

Las incertidumbres en el cálculo de los costos y beneficios del cambio climático son múltiples. Ello deriva de que se requieren proyecciones de muy largo plazo, por ejemplo, sobre el desarrollo futuro de las economías, la población, las tecnologías disponibles, la capacidad de adaptación de las sociedades y de los ecosistemas, y sobre las respuestas de los sistemas naturales a cambios en las concentraciones atmosféricas de los gases. La forma en que actualmente se evalúan las incertidumbres en tantas dimensiones diferentes es mediante la construcción de distintos escenarios de "futuros posibles". De esta forma se analiza cuáles pueden ser las diferentes rutas de las emisiones, por ejemplo, si el crecimiento de la población es moderado o más acelerado, si las tecnologías resultan ser más baratas o más caras, si los daños son moderados o catastróficos, etc. Una vez que se estiman las trayectorias de emisiones, se pueden estudiar los impactos en el clima, los daños y los costos de la mitigación.

El apartado "Escenarios" en el *Quinto informe de evaluación* del IPCC presenta un resumen de la última actualización del IPCC a los escenarios de emisiones y las resultantes "rutas representativas de concentraciones" (RCP, por sus siglas en inglés). El rango de incertidumbre sobre el que se extienden las posibles rutas señala la gran amplitud de factores que intervienen en la determinación de las concentraciones en la atmósfera, tanto factores socioeconómicos como factores del sistema físico. La figura VIII.2 es un resumen del IPCC en el que podemos observar el gran rango de trayectorias posibles. En un escenario de altas concentraciones (RCP 8.5 con concentraciones mayores a 1 000 ppm de CO_2e), las emisiones anuales de CO_2 podrían ser del orden de 120 $GtCO_2e$ al año a finales de siglo. Por el contrario, en escenarios de bajas concentraciones (RCP 2.6 de 430-480 ppm) las emisiones a finales de siglo tendrían que ser negativas, es decir, tendríamos que capturar CO_2 de la atmósfera para lograr dichos niveles.

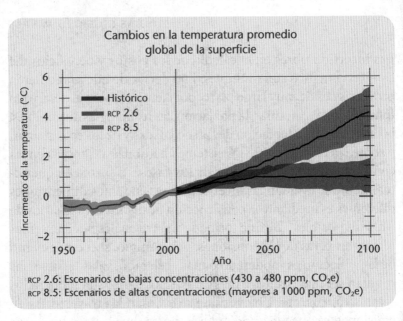

FIGURA VIII.2. *Escenarios del* Quinto informe de evaluación *del* IPCC. *Fuente: Adaptado de* IPCC, 2013.

Martin Weitzman indica que si hay una posibilidad significativa de que se produzca una catástrofe climática a altas concentraciones, como las descritas en el apartado de cambios irreversibles del capítulo III —desaparición de la selva del Amazonas, cambios en el patrón de lluvias del monzón, etc.—, esa posibilidad debería dominar los cálculos de los costos frente a los beneficios. Weitzman sostiene que este riesgo de una catástrofe es el argumento más poderoso en favor de una política climática estricta (Weitzman, 2011). Éste es el enfoque que la sociedad comparte al invertir en un seguro (contra incendios, inundaciones, gastos médicos, etc.). Por ejemplo, para una familia se justifica adquirir un seguro contra incendio a pesar de que la probabilidad de que suceda sea muy pequeña.

Robert Pindyck es otro economista que ha estudiado el tema de las incertidumbres en la política climática y el tema de los daños y los costos irreversibles (Pindyck, 2000; 2012). Este economista señala que también existen incertidumbres en los costos y en las variables de los modelos climáticos que podrían resultar en daños menores a los esperados y en costos mayores, sobre todo si se empieza con medidas muy estrictas. En ese sentido, al utilizar el argumento de la incertidumbre, pero en el otro lado del problema —la probabilidad de que los costos sean mayores y que con el tiempo se tenga más información para la toma de decisiones—, se pronuncia por controlar las emisiones, pero estudiar las incertidumbres y ajustar las políticas conforme se tenga mayor información.

El tema de las incertidumbres es sin duda complejo, pero muchos científicos y economistas trabajan actualmente en el tema para brindar mayores elementos para la toma de decisiones. También cada vez más se crean lazos de colaboración entre las distintas disciplinas para ayudarnos a entender mejor los posibles impactos del cambio climático, lo cual es un avance muy importante. Una forma de entender este problema es pensar en situaciones en las que nos encontramos ante consecuencias inciertas de nuestros actos. Por ejemplo, sabemos que si conducimos un auto hay una posibilidad positiva de que tengamos un accidente, y por lo tanto compramos un seguro para ayudarnos a pagar en caso de que esto suceda. Otro ejemplo es el caso de las enfermedades; por ejemplo, si existe una posibilidad positiva, aunque sea muy pequeña, de que exista polio en el país, la conducta más racional es vacunar a los niños, a pesar de que esto conlleve un costo para la nación (y cierto dolor a los pequeños). Sin embargo, nadie dejaría de vacunar a sus hijos por muy pequeña que sea la probabilidad de que se contagien de una enfermedad que podría ocasionarles daños graves o incluso la muerte.

Los economistas y científicos del MIT han ilustrado el problema de la incertidumbre del cambio climático con la analogía de una ruleta en un casino. El ingenioso diagrama del MIT (figura VIII.3) explica cómo es que en condiciones de ausencia de políticas de control de emisiones (la ruleta de la izquierda) las probabilidades de obtener resultados muy malos en cuanto a elevación de la temperatura son mucho mayores que en el caso de la existencia de políticas que reduzcan las emisiones (la ruleta de la derecha). Como no se puede hacer girar las dos ruletas en el papel impreso, se han añadido los histogramas que reflejan las probabilidades estimadas de que el marcador de la ruleta caiga en temperaturas distintas después de hacer girar la ruleta miles de veces. Las probabilidades de que el marcador caiga en secciones de baja temperatura son mucho mayores en el caso de la existencia de políticas de control de emisiones que en ausencia de dichas políticas. Nordhaus también utiliza esta analogía en su último libro, *The Climate Casino* (2013). El mensaje es muy

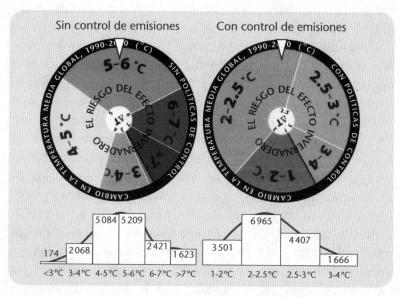

Figura VIII.3. *Las ruletas del clima del* MIT. *Como se observa, en la ruleta de la izquierda existe una probabilidad mayor al 80% de que la temperatura incremente más de 4 °C. En cambio, en la ruleta de la derecha se presenta una probabilidad mayor al 60% de que la temperatura no incremente más de los 2.5 °C. Fuente:* MIT Joint Program on the Science and Policy of Global Change.

claro: estamos a tiempo de salirnos del casino del clima y dejar de jugar con el futuro de las siguientes generaciones. Es decir, la decisión social más responsable es evitar un juego en el que podemos ocasionarle daños al clima que pudieran ser desastrosos. Si consideramos que un aumento de temperatura promedio de la superficie del planeta de 5 °C o más tendría muy probablemente consecuencias catastróficas para la sociedad, el riesgo de perder ese juego es muy significativo: de acuerdo con el modelo del MIT es de uno en cuatro; el escenario del IPCC (2014) de mayores emisiones (RCP 8.5), que es el que corresponde a lo que está pasando en la actualidad, indica que el riesgo de que la temperatura se incremente por arriba de 5 °C es de uno en seis.

INSTRUMENTOS ECONÓMICOS: IMPUESTOS AMBIENTALES Y COMERCIO DE EMISIONES

Hemos discutido ya la necesidad de diseñar políticas de cambio climático, pero ¿cuáles son los instrumentos que nos pueden ayudar a reducir las emisiones? Los instrumentos económicos más estudiados para la política climática son los impuestos a las emisiones de GEI y los mercados de emisiones. En el caso de los impuestos, el gobierno establece un costo por tonelada emitida de CO_2 —y, en su caso, de otros GEI—, que se recauda en principio en todas las actividades que generen emisiones. En teoría, el impuesto debiera ser igual al daño marginal que ocasiona una tonelada de CO_2 en el ambiente, pero, tal como se explicó en las páginas anteriores, en la práctica estimar este daño es difícil, por lo que actualmente se establece un costo por tonelada de acuerdo a un nivel que le parezca razonable al gobierno.

Por otro lado, existen los sistemas de límites y permisos de emisiones comercializables (conocido como *cap and trade*). En este sistema, el gobierno establece una cantidad máxima que se puede emitir de CO_2, distribuye permisos de emitir en una cantidad no mayor a la meta establecida, y permite a las empresas comerciar sus permisos, de tal suerte que las que tengan mayor necesidad de emitir (aquellas cuyo costo de mitigación es más alto) puedan adquirir los permisos. Se considera que éste es un mecanismo costo-eficiente, puesto que para una misma cantidad de emisiones se logra la mitigación al menor costo posible dando cierta flexibilidad a las empresas.

La diferencia entre estos dos tipos de incentivos para reducir las emisiones es nuevamente un tema asociado con las incertidumbres. Si el gobierno establece un impuesto sobre las emisiones, la industria sabe qué precio tendrá que pagar, pero el gobierno no sabe cuántas emisiones se generarán; por otra parte, si el gobierno impone un límite, conoce con certeza la cantidad de emisiones, pero los que contaminan no saben cuál será el precio de cada tonelada que emitan. ¿Cuál de las dos situaciones es mejor? Weitzman señala que todo depende de la incertidumbre que tengamos sobre la curva de daño marginal y en la curva de costo marginal, así como en la elasticidad de la demanda y la oferta. Si la incertidumbre de que el costo pueda ser muy alto y la oferta es muy inelástica (cambios en el precio generan poco o casi nada de cambios en la cantidad), entonces los mecanismos de precio (los impuestos) son más adecuados. En cambio, si la incertidumbre en el daño es más elevada los mecanismos que limiten la cantidad serán superiores (Weitzman, 1974).

Para la política de cambio climático, algunos economistas —entre ellos los mencionados Nordhaus y Weitzman, además de Robert Repetto y Richard Newell— señalan que los impuestos al CO_2 son mejores que los instrumentos de mercados de emisiones (Newell y Pizer, 2003; Weitzman, 1974; Nordhaus, 2011). Una de las razones principales que da Nordhaus es que en adición a los elementos "teóricos" existen cuestiones prácticas que deben considerarse, como el hecho de que todos los gobiernos tienen establecidos ya sistemas de recaudación fiscal y saben cómo administrar impuestos, y tienen incentivos para recaudar, pues a fin de cuentas es una fuente de ingresos fiscales, por lo que la implementación es clara y transparente para todos los sectores. En contraste,

Nordhaus señala que los mecanismos de comercio pueden tener altos costos de transacción y generar burocracias innecesarias que los hagan ineficientes. Asimismo, Nordhaus argumenta que el comercio de emisiones genera incertidumbre en los mercados, dada la volatilidad del precio del CO_2 (Nordhaus, 2011).

Otros economistas, como Robert Stavins, de la Universidad de Harvard, prefieren el uso de los mecanismos de comercio de emisiones, o *cap and trade*, para el caso de la política climática. Stavins considera que la posibilidad de asignar permisos de emisión a ciertos grupos puede ayudar a la economía política del instrumento y facilitar su negociación. En adición, el *cap and trade* (o bonos de carbono), permite asegurar que habrá una meta ambiental clara, lo cual es una de las consideraciones en las negociaciones de cambio climático. Sin embargo, reconoce que el tema de que no exista un tope del costo que paguen las empresas puede ser un obstáculo para su implementación, por lo que en ese caso recomienda la consideración de instrumentos híbridos. Jacoby y Ellerman (2004), y Goulder y Schein (2013), también recomiendan instrumentos híbridos (Stavins, 2007; Ranson y Stavins, 2012) como el uso de una "válvula de escape" en caso de optar por sistemas *cap and trade*, de tal suerte que haya un tope máximo que dé cierto nivel de certidumbre a las empresas sobre el precio del CO_2 para que puedan planear sus inversiones (Jacoby y Ellerman, 2004; Goulder y Schein, 2013).

Los países que en la actualidad tienen un impuesto al CO_2 son pocos; entre éstos se encuentran Suecia (190 USD/tCO_2e), British Columbia (10 USD/tCO_2e), Chile (5 USD/tCO_2e) y México (3.50 USD/tCO_2e). También existen mecanismos de comercio de emisiones, siendo el mejor ejemplo el mercado de CO_2 de la Unión Europea. El mercado de CO_2 se generó a raíz del Protocolo de Kioto. Asimismo, para ilustrar cómo funciona este mecanismo, el apartado "Ejemplo de operación de un mercado de carbono" contiene una explicación simplificada del comercio de emisiones para una empresa.

Consideremos —hipotéticamente— que un empresario mexicano tiene una fábrica de papel (en un país en vías de desarrollo como México) y para expandir su empresa decide adquirir tecnologías más limpias y sustituir las que tiene porque son obsoletas y muy contaminantes (condición normal de la tecnología en un país en vías de desarrollo). El empresario invierte 100 000 dólares en nueva tecnología para su fábrica, mejorando el consumo de energía eléctrica y, al mismo tiempo, evitando la generación de emisiones de CO_2 (las cuales registra en el mercado regulado para comerciarlas). Un empresario francés, que se identifica en el mismo mercado, prefiere adquirir reducciones de GEI fuera de Francia porque le resulta más rentable (no importa en qué parte del mundo se reduzcan las emisiones de GEI, ya que el efecto global es el mismo). Le propone al empresario mexicano, que ha utilizado tecnologías más limpias, pagar por cada tonelada de CO_2 que haya reducido la fábrica de papel en México, respecto a las emisiones que tendría si no hubiera hecho los cambios (línea base), y acreditar la reducción de emisiones en Francia. Para que el empresario mexicano sepa si le conviene este negocio debe considerar:

Emisiones reducidas = emisiones línea base – emisiones actuales
Emisiones línea base (tCO_2e)   7 000
Emisiones actuales (tCO_2e)   3 500
Emisiones reducidas (tCO_2e)   3 500

Ganancias esperada = emisiones ahorradas × precio de la tCO_2e
Emisiones línea base (tCO_2e)   3 500
Precio de la tonelada de CO_2e   10 unidades monetarias
Ganancia esperada   35 000 unidades monetarias

Si el empresario mexicano invirtió 100 000 unidades monetarias y obtuvo un beneficio de 35 000 unidades monetarias por venta de reducción de emisiones, entonces resulta que la recuperación de la inversión ya sólo es por 65 000 unidades monetarias; adicionalmente, al reducir el consumo de energía eléctrica, sus costos de operación se han reducido. Es importante que considere que entre 5 y 8% del beneficio de reducción de emisiones se requiere para pagar los costos de transacción, validación, verificación y monitoreo. Después de esto puede decidir si el acceso a los créditos de carbono le permite un desempeño financiero adecuado para realizar su inversión. De cualquier manera, cuando se acepta el negocio, el inversionista francés reportará esas emisiones que ha comprado al gobierno de su país, las cuales se verán reflejadas en la cuota que Francia tiene que cumplir para contrarrestar el fenómeno del cambio climático.

La economía del cambio climático ha estudiado también el problema de la adaptación y recomienda la creación de nuevos instrumentos financieros, como los seguros ambientales, que ayuden a sectores vulnerables (tales como la agricultura) a cubrir sus riesgos ante el cambio climático. De hecho, muchas importantes organizaciones industriales y líderes empresariales han expresado su preocupación por el cambio climático y la necesidad de tomar acciones inmediatas para prepararse y afrontar los daños que ya no pueden evitarse, así como para evitar los que sí se pueden prevenir.

Un ejemplo de acciones por parte de líderes de sectores importantes en los Estados Unidos es el proyecto Risky Business (o "Negocios de riesgo"), que elabora estudios sobre el riesgo del cambio climático en distintas regiones de los Estados Unidos (Gordon, 2014). Un objetivo de este proyecto es ayudar a las empresas a internalizar la adaptación al cambio climático por medio de la toma de decisiones con mayor información sobre los perfiles de riesgo de diversas actividades. Este estudio, por ejemplo, identificó y cuantificó para los Estados Unidos los impactos en la agricultura, la producción de energía, la infraestructura en las costas y la salud pública. Consideró la media de los efectos esperados, pero cuantificó también posibles efectos de cambios drásticos o en las colas de la distribución de probabilidad del cambio climático. Esto ayuda a los empresarios a planear para el cambio y prepararse.

Algunas conclusiones de este estudio, que pueden ser de utilidad para muchas regiones del mundo, se concentran en la necesidad de pensar hoy en cómo adaptarnos y en visualizar con ejemplos concretos el tipo de impactos que pueden generarse, tanto si se da un escenario medio como si se llegase a un extremo del cambio climático. El estudio ilustra cómo los impactos del cambio climático son regionales, por lo cual no existen soluciones uniformes ante la adaptación. El riesgo de un evento es el cálculo de la probabilidad en relación con la severidad del evento, y debe cuantificarse para las distintas regiones y estructuras económicas. Si bien en su conjunto algunos sectores en los Estados Unidos, como el sector agrícola, pueden adaptarse —y de esta manera en su conjunto no existirá, por ejemplo, inseguridad alimentaria—, sí habrá regiones cuya actividad agrícola tenga pérdidas y en donde las empresas puedan abandonar la actividad y cambiarla a otras regiones. Evidentemente, éste puede no ser un problema para todo el país, pero ciertamente es un problema para las regiones afectadas. Este patrón, desde luego, puede repetirse a nivel internacional afectando varias regiones del mundo, por lo que los empresarios de todos los países deben actuar pronto ante esta información.

Es importante considerar que, si bien la sociedad puede organizarse hasta cierto punto para adaptarse al cambio climático, es posible que muchos ecosistemas y otras especies no tengan el tiempo suficiente para adaptarse, por lo que es importante considerar que la adaptación en este sentido es limitada y que no debe de considerarse como una alternativa a la mitigación de emisiones de GEI. Además, es fundamental recordar que, desafortunadamente, dada la disparidad en el ingreso entre los distintos países, algunos simplemente no cuentan con los recursos o la información para adaptarse al cambio climático. La comunidad internacional debe apoyar a estos países para disminuir sus riesgos y ayudar a su población a estar preparada.

LOS COSTOS DEL CAMBIO CLIMÁTICO Y LAS NEGOCIACIONES INTERNACIONALES

Los impactos nocivos del cambio climático aún pueden ser controlables si, como se indicó en el capítulo VII, se limitan las emisiones de GEI, de tal manera que el incremento de la temperatura promedio se mantenga por debajo de 2 °C. Existe un consenso internacional respecto a esta meta, que es el resultado de una estimación razonable para prevenir afectaciones peligrosas al clima por actividades humanas. Asimismo, es fundamental que se otorguen recursos a los países en desarrollo para implantar las medidas necesarias que tienen costos significativos y de esa forma no limitar más de lo necesario su crecimiento económico.

Para alcanzar la meta de limitar el aumento de temperatura a 2 °C es necesario reducir las emisiones de GEI aproximadamente en 50% respecto de las que se generaban en el año 2000, a más tardar a mediados del presente siglo. Alcanzar un reto de esta magnitud implicará profundos cambios en los patrones de producción y consumo de energía. Para reducir esta cantidad de emisiones no hay una solución única; algunas de las medidas, como las relacionadas con la eficiencia en el uso de la energía y la reducción en el grado de deforestación, son soluciones que tienen beneficios económicos. En adición, existen actualmente tecnologías como las energías renovables, algunas de las cuales ya ofrecen soluciones para reducir la intensidad de carbono de nuestro consumo energético a costos competitivos. Otras tecnologías —como la captura y el almacenamiento geológico del CO_2 para las emisiones provenientes de combustibles fósiles— son por el momento muy costosas, pero también pueden ofrecer una alternativa en el futuro, especialmente en escenarios de mitigación profunda, que serán necesarios para estabilizar las concentraciones en el largo plazo. Es decir, hay alternativas y se pueden alcanzar las metas de reducción si se logran los acuerdos políticos necesarios.

En algunos casos las medidas para la reducción de emisiones de gases de efecto invernadero tienen cobeneficios, como mejorar la calidad del aire de las ciudades. Los casos de la disminución de la deforestación y la conservación de la biodiversidad y de los servicios ecosistémicos que proveen los bosques también son benéficos para la sociedad. Es fundamental que en la evaluación de políticas se incorporen todos los beneficios de la política climática. Éstas son externalidades positivas que, al ignorarlas, generan menos proyectos, por lo que más proyectos serán socialmente rentables al considerarlas. Las metodologías para lograr esto están aún en desarrollo, pero ya hay instituciones como el Banco Mundial y la fundación Climate Works (2014) que han propuesto métodos y evaluado algunos proyectos que pueden servir de ejemplo. Varias políticas de cambio climático podrían justificarse económicamente sólo por los beneficios en la reducción de la contaminación urbana que genera graves afectaciones en la salud.

Algunos países en desarrollo están legítimamente preocupados por los impactos en sus países y por las posibles consecuencias que la mitigación conlleva para el desarrollo de sus economías. Durante la COP de 2014 en Lima se presentó el estudio "La nueva economía climática: mejor crecimiento, mejor clima", elaborado por la Comisión Global para la Economía y el Clima. El estudio evaluó políticas en siete países, incluyendo tanto países en desarrollo como desarrollados: Colombia, Etiopía, Indonesia, Noruega, Corea del Sur, Suecia y el Reino Unido. El reporte identificó que en todos estos países las políticas climáticas pueden traer oportunidades para un mejor desarrollo económico en el que se considere el cambio climático. Los cambios estructurales de la economía mundial y las nuevas tecnologías pueden ayudarnos a transitar a un mejor modelo de desarrollo en todos los países, a la vez que disminuimos el riesgo del cambio climático.

Por ejemplo, las áreas identificadas para mejorar en estos países, y en general en las tendencias globales, son: *1)* acelerar la transformación del mundo hacia una economía de bajo carbono incorporando el riesgo del cambio climático, *2)* lograr acuerdos internacionales para el cambio climático, *3)* eliminar los subsidios agrícolas y los subsidios a los combustibles fósiles, *4)* introducir impuestos al carbono, *5)* reducir los costos de capital de la infraestructura de bajo carbono, *6)* acelerar la innovación, *7)* diseñar ciudades más compactas, *8)* detener la deforestación, *9)* restaurar al menos 500 millones de hectáreas de bosques, y finalmente *10)* detener nuevas instalaciones que utilicen carbón en países desarrollados inmediatamente y en países en desarrollo de ingreso medio para 2025. Muchas de estas medidas han sido recomendadas en otros estudios, lo que confirma la necesidad de avanzar en esta dirección.

LA ACCIÓN INMEDIATA
COMO UNA CONSIDERACIÓN ÉTICA

A pesar de que el impacto del cambio climático es ya irremediable, si se actúa con urgencia y de manera decisiva todavía estamos a tiempo de evitar costos y consecuencias mayores y potencialmente catastróficas para el desarrollo de las naciones y para los sistemas ecológicos en el planeta.

Se trata de una decisión de gran trascendencia social y ética, además de económica y ambiental, y sus efectos son tanto para el presente como para el futuro. Es un compromiso transgeneracional.

El argumento ético de preocuparse por las generaciones futuras no es nuevo; quizá el precedente más claro es la forma en que la sociedad invierte en la educación básica a pesar de que esa inversión solamente reditúa sobre esas generaciones futuras. Se puede argumentar convincentemente que la política pública debe tener una perspectiva mucho más amplia y de largo plazo. Por las incertidumbres inherentes al problema, es conveniente recordar el principio precautorio y tomar las medidas necesarias para reducir los riesgos del cambio climático.

Las acciones inmediatas y de suficiente envergadura para disminuir la emisión de gases de efecto invernadero son indispensables. Se trata de una decisión de gran trascendencia social y ética, además de económica y ambiental, y sus efectos son tanto para el presente como para el futuro.

IX. México ante el cambio climático

La situación de México en relación con el cambio climático debe ser analizada y entendida desde diversas dimensiones debido a un conjunto complejo de características ambientales, sociales y económicas.

Desde la perspectiva ambiental, México está ubicado en dos regiones biogeográficas: la neártica en su parte norte, con predominio de climas áridos, semiáridos y templados, y en su parte sur la neotropical. Además, está atravesado por grandes cordilleras que corren de norte a sur y de este a oeste, y poseen alturas que ascienden hasta los 5 400 msnm, por lo que contiene numerosas y caudalosas cuencas hidrológicas. Su geología pertenece a diferentes momentos históricos y, además, está rodeado por mares tanto de aguas cálidas como frías, influidas por las corrientes del Atlántico y del Pacífico. Esta mezcla de características ambientales es la razón por la cual México, con sólo 1.3% de la superficie terrestre global, contiene alrededor de 10% de las especies de flora y fauna del mundo con la presencia de todos los ecosistemas del globo, excepto los extremadamente fríos. Éste es un país megadiverso (figura IX.1).

Las mismas razones por las que el país es muy diverso provocan que esté expuesto a fenómenos hidrometeorológicos extremos y a alteraciones en los climas regionales, como se explicó

178

Bosque de coníferas
Bosque de encino
Bosque mesófilo de montaña
Otros tipos de vegetación
Matorral xerófilo
Pastizal
Selva caducifolia
Selva espinosa
Selva perennifolia
Selva subcaducifolia
Áreas sin vegetación aparente
Vegetación hidrófila

FIGURA IX.1. *Tipos de vegetación de México. Fuente:* INEGI, *2005.*

en el capítulo V. Estas modificaciones generan cambios en los ciclos hidrológicos, en los ecosistemas naturales, en la disponibilidad de agua, en la producción de alimentos y en los patrones de enfermedades, entre otros problemas.

En cuanto a las condiciones socioeconómicas, aunque pertenece a la Organización para la Cooperación y el Desarrollo Económicos (OCDE), junto con la mayoría de los países desarrollados, y al grupo de 25 países con mayor población y mayor PIB, México está aún en desarrollo y necesita crecer económicamente. Además, 46% de la población mexicana (55 millones de mexicanos) vive en condiciones de pobreza (Coneval, 2014). México es también un país exportador de petróleo, y, de acuerdo con la Agencia Internacional de Energía

(AIE), en 2015 el 90% de la energía provino de la quema de combustibles fósiles (51% de petróleo, 32% de gas natural y 7% de carbón), mientras que el resto provino de la madera (5%), energías renovables (4%) y nuclear (1%).

Este conjunto de características de alta exposición a amenazas naturales, de pobreza y de dependencia económica y energética en los combustibles fósiles hace que México tenga una situación muy compleja en los ámbitos nacional y global en relación con el cambio climático, y que sea uno de los países más vulnerables.

PARTICIPACIÓN DE MÉXICO EN LA GENERACIÓN
DE GASES DE EFECTO INVERNADERO

México no tiene una responsabilidad histórica alta en la contribución a las emisiones globales de GEI, sin embargo sufre seriamente los impactos del cambio climático. La *Quinta comunicación nacional ante la Convención Marco de las Naciones Unidas sobre el Cambio Climático* (Semarnat/INECC, 2012b) reporta que, en 2010, México generó 748 millones de toneladas de CO_2e (19% mayor que la reportada en 2001), lo cual equivale a 6.7 toneladas de CO_2e por habitante. Esta cantidad corresponde a 1.5% de las emisiones globales de GEI, por lo cual México ocupó el decimosegundo lugar en el ámbito mundial y, de acuerdo a los datos del Centro de Análisis de Información de Dióxido de Carbono (CDIAC), en el 2013 ocupó el undécimo lugar. En cuanto a las emisiones promedio per cápita, se ubica dentro del promedio mundial (6.6 tCO_2e), y muy por debajo de las emisiones de los Estados Unidos (19.7 tCO_2e) e incluso de las de la Unión Europea, China e Indonesia (8.4, 7.6 y 7.2 tCO_2e, respectivamente). Las categorías de fuentes de emisiones de GEI que utiliza la *Quinta comunicación nacional* —siguiendo la clasificación que definió la CMNUCC— son las siguientes: energía; procesos industriales; agricultura y ganadería; usos de suelo, cambio de uso de suelo y silvicultura (USCUSS), y desechos.

En cuanto al tipo de gas, las emisiones de bióxido de carbono (CO_2) fueron las que más aportaron al volumen total de GEI en la atmósfera (66%), originadas principalmente por la categoría de energía (aporta 82% de este gas), en particular por el consumo de gasolinas para el transporte y por la propia generación de energía. En segundo lugar está el metano (CH_4), que contribuye con 22% de las emisiones totales debido sobre todo a las emisiones fugitivas de petróleo, combustibles sólidos y gas natural (50% de las emisiones totales de metano), a los desechos (25%; tanto por los residuos sólidos como por las aguas de tratamiento), así como por la fermentación entérica en la

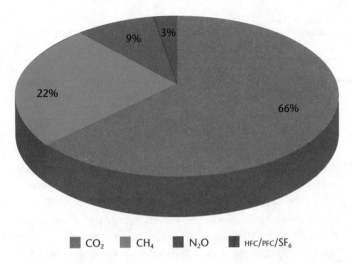

■ CO₂   ■ CH₄   ■ N₂O   ■ HFC/PFC/SF₆

FIGURA IX.2. *Emisiones de GEI en México, 2010 (en millones de toneladas de CO₂ equivalente). Fuente: Semarnat/INECC, 2012b.*

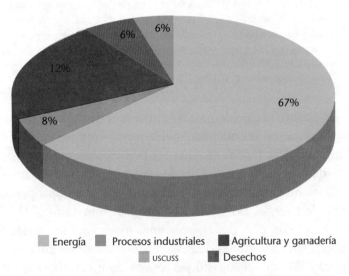

■ Energía   ■ Procesos industriales   ■ Agricultura y ganadería
■ USCUSS   ■ Desechos

FIGURA IX.3. *Emisiones de GEI para cada categoría de actividad en México. Fuente: Semarnat/INECC, 2012b.*

ganadería (23%). El óxido nitroso (N_2O) corresponde a 9% del total de GEI, aportado principalmente por la agricultura. Los demás gases —hidrofluorocarburos (HFC), perfluorocarbonos (PFC) y hexafluoruro de azufre (SF_6)— aportan 3% del total de emisiones, las cuales se generan principalmente durante los procesos industriales (figura IX.2).

En el año 2010 la principal fuente de emisiones de GEI fue la categoría de energía (67%), seguida por la de agricultura y ganadería (12%), la de los procesos industriales (8%), la de los USCUSS (6%) y finalmente la de los desechos sólidos (6%) (figura IX.3).

De acuerdo con el inventario de emisiones 2010 del INECC, de la categoría de energía, el transporte y la industria de la energía aportan 65% (33% y 32%, respectivamente), seguido de las emisiones fugitivas (17%) y de la manufactura e industria de la construcción (11%).

El tipo de desarrollo que ha seguido México, aunado al aumento de la población y a los patrones de consumo y producción no sostenibles, ha provocado un mayor consumo de combustibles fósiles. En el cuadro IX.1 se observa la evolución de las emisiones de GEI por sector entre 1990 y 2010. Durante este periodo las emisiones totales de GEI se incrementaron en el país 48%. Destaca que las emisiones de GEI del sector energético, de los procesos industriales y de los desechos aumentaron 62%, 77% y 38% respectivamente; las del sector agrícola casi se duplicaron, mientras que las provenientes del USCUSS se redujeron a un poco menos de la mitad debido a la reducción de la tasa de deforestación reportada en el país, al incremento de la reforestación y a la revegetación de tierras agrícolas abandonadas.

Considerando solamente las emisiones de CO_2 por quema de combustibles fósiles, México ocupa el decimosegundo lugar mundial. Su crecimiento en ese periodo fue de 50.4%, crecimiento que está por debajo de varios de los países con economías emergentes (China, 209%; India, 172%; Indonesia, 165%; Brasil, 74%) (AIE, 2011).

CUADRO IX.1. *Comparación de las emisiones de* GEI, *entre 1990 y 2010, en México (GtCO₂e)*

Fuente	1990	2002	2006	2010	Incremento entre 1990 y 2010
Energía	311.1	392.6	430.0	503.82	62%
Procesos industriales	34.6	52.2	63.5	61.23	77%
Agricultura	47.4	46.1	45.5	92.18	94%
USCUSS	80.5	89.8	70.2	46.84	–42%
Desechos	31.8	65.5	99.6	44.13	38%
Total	505.4	646.2	708.8	748.2	48%

Fuente: Semarnat/INECC, 2012b.

La *Quinta comunicación nacional* (Semarnat / INECC, 2012b) concluye que existe una tendencia en México de una menor intensidad de emisiones (disminución de la cantidad de emisiones de GEI en relación con la magnitud de la economía que las genera), lo que muestra un indicio de desacoplamiento entre el crecimiento de la economía y de las emisiones GEI. A pesar de que el consumo energético del periodo 1990-2010 aumentó 2.3%, el PIB creció en este mismo periodo en un promedio anual de 2.5%, lo que refleja que la intensidad energética (consumo de energía por unidad de PIB) también está descendiendo gracias a la mejora de la eficiencia energética nacional y a la inversión en el uso de tecnologías más eficientes (figura IX.4).

La línea base de emisiones de México —o escenario tendencial que se construyó a partir del Inventario Nacional de Emisiones de Gases de Efecto Invernadero (INEGEI), 1990-2010— indica que, de seguir con este escenario, las emisiones nacionales de GEI en 2020 alcanzarían cerca de 1 000 millones de toneladas, 28% más que en 2010, cifra que podría aumentar debido a la reforma energética de 2013 en este país.

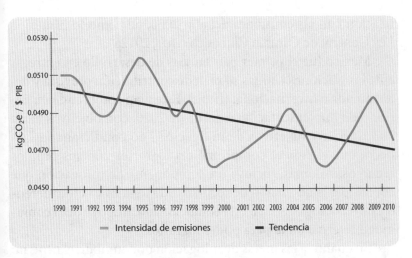

FIGURA IX.4. *Tendencia en la intensidad de emisiones de carbono en México, 1990-2010. Fuente:* Quinta comunicación nacional ante la Convención Marco de las Naciones Unidas sobre el Cambio Climático, *Semarnat/INECC, 2012b.*

La Estrategia Nacional de Cambio Climático a su vez plantea un escenario, para el año 2050, de 2 257 $MtCO_2e$ emitidas en caso de que el PIB fuera 4.2%, y de 1 967 $MtCO_2e$ en el caso de que éste fuera 2.3% (*DOF*, 2013).

Por ello, si bien la tendencia inicial de desacoplamiento entre el crecimiento económico y la intensidad de carbono es positiva gracias a la eficiencia energética y a la introducción de nuevas tecnologías, los esfuerzos tendrán que incrementarse de manera muy considerable en los próximos años para reducir las emisiones totales en términos absolutos y alcanzar las metas de reducir 30% con respecto a la línea base en 2020, y 50% a 2050, en

Si bien la tendencia inicial de desacoplamiento entre el crecimiento económico y la intensidad de carbono es positiva, los esfuerzos tendrán que incrementarse en los próximos años para reducir las emisiones totales en términos absolutos.

relación con las emisiones del año 2000, tal como lo plantea la Ley General de Cambio Climático (*DOF*, 2012a).

México fue el primer país en vías de desarrollo en entregar ante las Naciones Unidas su plan de contribución prevista y determinada a nivel nacional (INDC). Este plan comprende un periodo de implementación a partir de 2020, con objetivos hacia 2030. Incluye objetivos de mitigación "no condicionados", es decir, que el país se compromete a lograrlos con sus propios recursos. Además, incluye un componente de mitigación que contempla la obtención de recursos adicionales y la transferencia de tecnología, el cual está condicionado al apoyo de la comunidad internacional para poder lograrlo.

En cuanto a las metas de mitigación por cumplir, el INDC no sólo incluye las emisiones de los principales GEI, sino también los contaminantes climáticos de vida corta (CCVC), como el carbón negro; el compromiso no reflejó plenamente lo planteado en la ley. Contempla reducir 22% las emisiones de GEI y 51% las de carbón negro para el 2030 de manera incondicional, mientras que esta meta pudiera llegar a un 36% de manera condicionada. También se establece que sus emisiones netas alcancen su punto máximo en el año 2026, al mismo tiempo que la intensidad de emisiones por unidad de PIB se reduzca un 40% entre 2014 y 2030 (figura IX.5).

LA POSICIÓN DE MÉXICO FRENTE A LAS NEGOCIACIONES SOBRE CAMBIO CLIMÁTICO

México ha atendido con seriedad y responsabilidad el tema de cambio climático tanto en el ámbito nacional como en el global. En los foros multilaterales de la ONU el país ha estado siempre representado por funcionarios y científicos de alto nivel; varios de estos últimos incluso han sido miembros del IPCC.

En 1992, durante la Cumbre de Rio, México firmó la Convención Marco de las Naciones Unidas sobre Cambio Climático (CMNUCC), y en 1997 el Protocolo de Kioto. Dichos acuerdos

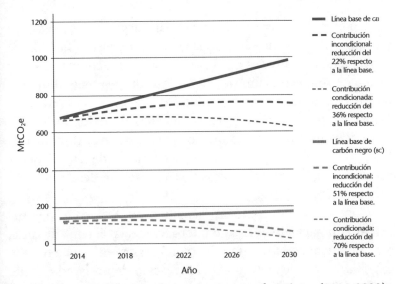

FIGURA IX.5. *Trayectoria de emisiones INDC de México (2014-2030).*

fueron ratificados por los legisladores de este país en 1993 y 2000, respectivamente, pero en la actualidad ya están obsoletos.

Debido a que el cambio climático además de ser un problema global lo es también local, las acciones que emprenda un país para enfrentar este fenómeno no sólo se convierten en una contribución para el planeta, sino que redundan también en el beneficio directo del propio país que las implanta. Por esta razón, México elaboró por primera vez en 1999 el Programa de Acción Climática, en el que se conjuntaban de manera coordinada todas aquellas acciones que el gobierno federal implementaba, o planeaba ejecutar, en los próximos años para mitigar y adaptarse al cambio climático y para cumplir con los compromisos de CMNUCC. Esta estrategia modificó de manera positiva el trato que recibió México en los foros multilaterales sobre cambio climático, y desaparecieron las presiones internacionales para que nuestro país asumiera compromisos ajenos a los que le especificaba la CMNUCC (Tudela, 2004).

Durante la última década el país ha sido reconocido en los foros internacionales por su interés en lograr un régimen climático global efectivo, en el que el país juegue un papel activo y responsable. México ha abogado por un proceso flexible de convergencia de niveles de emisión per cápita, como principio rector de una evolución de largo plazo del régimen climático internacional. Este proceso implica que los mayores emisores per cápita, por lo general países desarrollados, reduzcan sus niveles de emisión, en tanto que los países menos desarrollados los incrementen por debajo de su escenario tendencial, al tiempo que prosiguen sus esfuerzos por alcanzar un desarrollo pleno y sustentable (CICC, 2007).

Como ya se mencionó en el capítulo VII, México ha desempeñado un papel de liderazgo internacional en el tema de cambio climático: en la reunión del G8 realizada en Roma en 2009 el gobierno mexicano impulsó la creación de un Fondo Verde para el Clima. Dicho fondo fue adoptado en la COP 16 de Cancún como un mecanismo financiero de la convención para apoyar las acciones de mitigación y adaptación de países en desarrollo. En la COP 16 México desempeñó un papel clave para restaurar un piso mínimo de confianza y volver a encauzar un proceso multilateral que había sido severamente cuestionado en la COP 15 de Copenhague (Semarnat, 2012a).

Cabe señalar que en la COP 19, realizada en Varsovia, uno de los acuerdos alcanzados fue que los países presentarían a más tardar el 31 de marzo de 2015 sus compromisos post-2020. Una muestra más de que México está cumpliendo en esta materia fue su anuncio, el día pactado, de reducir 22% sus emisiones de GEI en el periodo 2020-2030 con sus propios recursos, como se mencionó anteriormente. Cabe aclarar que la meta establecida en la ley es reducir 30% de las emisiones de GEI en 2020, siempre y cuando se cuente con apoyo financiero y tecnológico de los países desarrollados, además de un conjunto de acciones de adaptación. Fue México el primer país en desarrollo en presentar formalmente sus compromisos y el cuarto en el mundo, después de la Unión Europea, Suiza y Noruega; además, durante la COP 21, en diciembre de 2015, en París, impulsó la firma de un acuerdo vinculante que incluyera a todos los países (desarrollados y no desarrollados) y que mantuviera al planeta dentro de un umbral de temperatura que no supere los 2 °C. En septiembre de 2016, México ratificó el Acuerdo de París, del que se ha hablado ampliamente en el capítulo VII.

Con la finalidad de contribuir a la reducción de emisiones de gases de efecto invernadero para alcanzar la meta de mantener el aumento de la temperatura mundial por debajo de 2 °C, México ha planteado en su política interna y en la Ley General de Cambio Climático que en el año 2050 habrá reducido 50% de las emisiones con respecto al año 2000, lo cual significa disminuir el consumo de energía per cápita a 2.8 tCO_2e anuales.

México elaboró su primera Estrategia Nacional sobre Cambio Climático (ENCC) en 2007 (actualizada en 2013) y posteriormente el Programa Especial de Cambio Climático (PECC) 2008-2012 y 2014-2018, así como los programas respectivos de las entidades federativas. Además, en 2012 promulgó la Ley General de Cambio Climático, cuyos objetivos incluyen la regulación de las acciones para la mitigación y la adaptación, así como la reducción de la vulnerabilidad de la población y los ecosistemas del país frente a los efectos adversos del cambio climático.

La ENCC 2013 (*DOF*, 2013) es el instrumento rector de la política nacional en el mediano y el largo plazos para enfrentar los efectos del cambio climático y transitar hacia una economía competitiva, sustentable y de bajas emisiones de carbono. En ésta se describen los ejes temáticos y las líneas estratégicas de acción para orientar las políticas de los tres órdenes de gobierno y fomentar la corresponsabilidad con los diversos sectores de la sociedad. Está basada en los siguientes pilares:

- Contar con políticas y acciones climáticas transversales, articuladas, coordinadas e incluyentes.
- Desarrollar políticas fiscales e instrumentos económicos y financieros con enfoque climático.
- Implementar una plataforma de investigación, innovación, desarrollo y adecuación de tecnologías climáticas y fortalecimiento de capacidades institucionales.
- Promover el desarrollo de una cultura climática.
- Instrumentar mecanismos de medición, reporte, verificación (MRV), y monitoreo y evaluación (M&E).
- Fortalecer la cooperación estratégica y el liderazgo internacional.

Por su parte el PECC 2014-2018 concreta y desarrolla las orientaciones contenidas en la ENCC, y define objetivos y metas específicas en mitigación y adaptación, con responsabilidades para cada sector y fechas concretas de acatamiento. Los cinco objetivos que se definen en el PECC son los siguientes:

Objetivo 1. Reducir la vulnerabilidad de la población y sectores productivos, e incrementar su resiliencia y la resistencia de la infraestructura estratégica.

Objetivo 2. Conservar, restaurar y manejar sustentablemente los ecosistemas garantizando sus servicios ambientales para la mitigación y la adaptación al cambio climático.

Objetivo 3. Reducir emisiones de GEI para transitar a una economía competitiva y a un desarrollo bajo en emisiones.

Objetivo 4. Reducir las emisiones de contaminantes climáticos de vida corta, propiciando cobeneficios de salud y bienestar.

Objetivo 5. Consolidar la política nacional de cambio climático mediante instrumentos eficaces y en coordinación con las entidades federativas, los municipios, el poder legislativo y la sociedad.

Es importante resaltar que las actividades que México se propone desarrollar para enfrentar las tareas de mitigación y de adaptación, descarbonizar la economía y contribuir a la estabilización del régimen climático global constituyen además beneficios directos para el desarrollo nacional de las presentes y futuras generaciones, ya que conllevan soluciones a problemas ambientales, sociales y económicos locales: contribuyen a la seguridad energética y alimentaria; promueven procesos productivos más limpios que detienen la contaminación de aire, agua y suelo y disminuyen la deforestación; previenen y atienden problemas de salud pública, y atienden la seguridad física de la población y de la infraestructura.

Por ello, la amenaza del cambio climático debe convertirse en una oportunidad para que México, país con una situación de desarrollo intermedio, impulse el desarrollo sustentable basado en tecnologías limpias y bajas en carbono.

Para lograrlo, es indispensable cuidar que cada una de las acciones comprometidas no contravenga los principios de sustentabilidad ambiental, particularmente la conservación de los ecosistemas naturales, ya que es muy frecuente que, en aras de una meta productiva, energética o de servicios, se sacrifiquen los ecosistemas naturales y sus servicios ambientales como parte del costo del desarrollo. Todas y cada una de las acciones propuestas en el PECC deben estar sujetas a las más estrictas evaluaciones de impacto ambiental. Por ejemplo, sería un gran error irremediable que en nombre de energías más limpias se impul-

La amenaza del cambio climático debe convertirse en una oportunidad para que México, país con una situación de desarrollo intermedio, impulse el desarrollo sustentable basado en tecnologías limpias y bajas en carbono.

191

sen las hidroeléctricas en sitios que afecten los ecosistemas acuáticos naturales de alta importancia por su biodiversidad.

Por otro lado, muchas de las acciones planteadas en el PECC lograrán una mayor eficiencia si se concentran en áreas prioritarias y se evita su dispersión. Por ejemplo, el ordenamiento territorial de una región junto con la conservación de ecosistemas naturales, el establecimiento de corredores biológicos, la reforestación en microcuencas, el establecimiento de plantaciones comerciales forestales, el manejo sustentable forestal y de la vida silvestre, la reconversión productiva, entre otras acciones, pueden constituir verdaderos procesos regionales de desarrollo rural sustentable.

INSTITUCIONES GUBERNAMENTALES

El tema del cambio climático ha sido atendido principalmente desde las instituciones del sector ambiental, primero desde el Instituto Nacional de Ecología (1992-1994), cuando éste formaba parte de la Secretaría de Desarrollo Social, después desde la Secretaría de Medio Ambiente, Recursos Naturales y Pesca (Semarnap, 1994-2000), y actualmente desde la Secretaría de Medio Ambiente y Recursos Naturales (Semarnat, 2000 a la fecha). Sin embargo, debido a que se trata de un tema que compete a diversos sectores de la administración pública, otras secretarías de Estado fueron creando estructuras a su interior para atender el tema y vincularse con la Semarnap/Semarnat.

En 1997, con la finalidad de unificar en una sola instancia la acción de los distintos sectores del gobierno, se creó el Comité Intersecretarial para el Cambio Climático, el cual elaboró el Plan de Acción Climática en el año 2000; el 25 de abril de 2005 se creó, por decreto presidencial, la Comisión Intersecretarial de Cambio Climático (CICC) para coordinar las políticas públicas nacionales de acción climática que en su inicio estaba presidida por la Semarnat. La CICC ha sido un espacio de análisis transversal del tema y formuló los dos documentos estratégicos, mencionados anteriormente, que orientan la política pública mexicana en esta materia: la Estrategia Nacional sobre Cambio Climático (ENCC) y el Programa Especial de Cambio Climático (PECC). La Ley General de Cambio Climático redefinió a la CICC y estableció que será presidida por el titular del Ejecutivo Federal, quien podrá designar en su representación al secretario de Gobernación o al secretario de Medio Ambiente y Recursos Naturales. El nuevo estatuto jurídico de la comisión eleva su capacidad de resolución en el ámbito del Ejecutivo Federal para promover una mayor y mejor integración de políticas, programas e instrumentos para la mitigación y la adaptación. La CICC se integra por los titulares de las secretarías de Medio Ambiente y Recursos Naturales (Semarnat); Agricultura, Ganadería, Desarrollo Rural, Pesca y Alimentación (Sagarpa); Comunicaciones y Transportes (SCT); Economía (SE); Desarrollo Social (Sedesol); Energía (Sener); Relaciones Exteriores (SRE); Hacienda y Crédito Público (SHCP); Marina (Semar); Salud (Ssa); Gobernación (Segob); Turismo (Sectur), y Educación Pública (SEP) (Semarnat, 2012a).

La CICC cuenta con un Consejo Consultivo de Cambio Climático, creado en el mismo decreto presidencial, e integrado por un mínimo de 24 especialistas que representan a los sectores social, privado y académico dedicados a los temas de cambio climático.

En 2012 la Ley General de Cambio Climático transformó al Instituto Nacional de Ecología en el Instituto Nacional de Ecología y Cambio Climático (INECC) con el propósito de fortalecer la investigación científica y tecnológica para la toma de decisiones y la elaboración de las políticas públicas en materia de cambio climático.

Investigación

México ha desarrollado una considerable capacidad de investigación en materia de cambio climático, la cual se trata desde distintas perspectivas. La institución más importante detonadora de estas investigaciones fue el INE/INECC, de la propia Semarnat, que durante años ha jugado un papel muy destacado, tanto en las negociaciones multilaterales en el seno de la Convención, como en la generación y la sistematización del conocimiento nacional. Con un equipo reducido de especialistas altamente calificados y comprometidos, y con la concurrencia de diversos grupos académicos de institutos, centros y universidades, se han podido elaborar cinco comunicaciones nacionales y los inventarios respectivos. Asimismo, la sistematización de bases de datos climáticos, tanto nacionales como regionales, de distribución de especies, de tendencias de deforestación, de distribución de enfermedades, entre otras, ha permitido entender mejor los riesgos a los que se enfrenta el país ante el cambio climático, pronosticar sus posibles impactos y evaluar la vulnerabilidad de algunas regiones y sectores económicos. Gracias a esta información se han aportado bases técnicas y científicas para la elaboración de las políticas de adaptación y mitigación al cambio climático señaladas en la ENCC y en el PECC.

En 2005 el INE elaboró un diagnóstico de las actividades en materia de cambio climático que realizan las instituciones de investigación y desarrollo tecnológico del país, y posteriormente, en 2012, se actualizó mediante una encuesta dicha información. Los resultados dan fe de un sustantivo incremento en los actores que trabajan en el tema. Hasta 2005 existían 446 expertos provenientes de 118 instituciones públicas y privadas, tanto nacionales como extranjeras, que se encontraban trabajando dentro del territorio nacional (Semarnat-INE, 2009), mientras que en 2012 eran 1 267 personas de 252 instituciones diferentes (Semarnat-INECC, 2012). Las áreas del conocimiento más desarrolladas eran las relacionadas con la vulnerabilidad, el análisis de las políticas públicas y la economía, la mitigación y la variabilidad climática.

En cuanto a la formación de recursos humanos destaca la introducción del tema de cambio climático en diferentes posgrados, como es el caso de la Universidad Iberoamericana en su sede de Puebla.

Las instituciones que concentran a la mayoría de los expertos son la UNAM, el Centro de Investigaciones Biológicas del Noroeste (Cibnor), el Centro de Investigación Científica y Educación Superior de Ensenada (CICESE), el Centro Interdisciplinario de Ciencias Marinas (Cicimar), el Colegio de Posgraduados (Colpos), la Universidad Autónoma de Chapingo (UACH), la Universidad Autónoma de Baja California (UABC) y la Universidad Autónoma de Tamaulipas (UAT).

Dentro de la UNAM destaca la labor del Centro de Ciencias de la Atmósfera (CCA), tanto por los estudios de la variabilidad climática, la construcción de escenarios futuros y el entendimiento de la vulnerabilidad y adaptación, como por los estudios regionales de cambio climático. También ha sido muy destacada la labor del Centro de Investigaciones en Ecosistemas (Cieco), actualmente Instituto de Investigaciones en Ecosistemas y Sustentabilidad (IIES), con los estudios sobre la vinculación de cambio de uso de suelo y cambio climático, aportaciones que han tenido impacto internacional y han influido en las negociaciones multilaterales. Recientemente, la UNAM creó el Programa de Investigación de Cambio Climático con la finalidad de analizar los efectos y las implicaciones de este fenómeno en el país, y contribuir en la generación de políticas públicas. En su Facultad de Economía también se están llevando a cabo estudios económicos relacionados con el cambio climático (Galindo, 2009).

En el Centro Mario Molina para Estudios Estratégicos sobre Energía y Medio Ambiente también se han llevado a cabo estudios relacionados con el papel de México ante el problema del cambio climático. Por ejemplo, ha trabajado en detallar el Plan de Desarrollo Económico de Bajas Emisiones de Carbono para el país, y colaborado con instituciones gubernamentales para establecer normas de eficiencia energética en los sectores de transporte y vivienda.

Algunas otras investigaciones sobre cambio climático son también abordadas por el Centro Nacional de Investigación y

Desarrollo Tecnológico (Cenidet), el Colegio de la Frontera Sur (Ecosur), el Instituto de Investigaciones Eléctricas (IIE), el Instituto Mexicano del Petróleo (IMP), el Instituto Nacional de Investigaciones Forestales, Agrícolas y Pecuarias (INIFAP), y el Centro de Cambio Global y la Sustentabilidad del Sureste (CCGSS).

El tema del cambio climático es un buen ejemplo de la influencia que las instituciones nacionales dedicadas a la generación de información han ejercido sobre la toma de decisiones en la formulación de las políticas públicas sobre el tema. Las lecciones aprendidas de este esquema deberían ser un modelo de vinculación entre la academia y el gobierno.

Por otro lado, el INECC difunde información amplia mediante múltiples publicaciones, tanto especializadas como dirigidas a un público general. Destaca la creación de un portal de Cambio Climático en Internet (cambioclimático.inecc.gob.mx), en donde se pueden encontrar los textos completos de la CMNUCC y el Protocolo de Kioto, las comunicaciones nacionales e inventarios de gases de efecto invernadero, publicaciones especializadas, las preguntas más comunes que hace el público, glosarios, noticias e incluso cuentos para niños. Este portal ha puesto a disposición del público la información existente sobre vulnerabilidad y proyecciones de riesgos para diversos estados de la República Mexicana y sectores de la economía.

X. Qué futuro le espera a la humanidad: es nuestra decisión

Tres grandes E definirán el futuro de la actividad
económica e industrial del planeta y, en consecuencia,
el futuro de la humanidad: ética, economía
y ecología.

Estamos viviendo tiempos marcados por profundos cambios
sociales, políticos, económicos y de retos éticos, cuyos motores
principales son, por un lado, la naturaleza y, por otro, la creciente insatisfacción social de muchos millones de habitantes
del planeta que están sufriendo los primeros embates impuestos por el cambio climático, y quienes además no pueden satis-
facer sus necesidades básicas de mejoría y bienestar personal y
familiar. Si queremos que las condiciones que han permitido el
desarrollo de una parte de la sociedad mundial se mantengan
al mismo nivel de bienestar, pero se extiendan a toda la humanidad de manera más equitativa, deberá haber profundos cambios, parafraseando libremente la expresión muy conocida del
Gatopardo de Lampedusa.

Tenemos que darnos cuenta de que aun si sumamos las "acciones fáciles", relativamente cómodas y que son de bajo costo,
de tipo "ecoeficiente", como por ejemplo el reciclaje de residuos
domésticos o la sustitución de los focos incandescentes (que en
sí tienen mucho valor desde el punto de vista de sensibilización
social y deben llevarse a cabo), lograremos solamente aminorar la
velocidad con la que los problemas de calentamiento global están
ocurriendo, pero con un cambio muy marginal en la efectividad
de sus consecuencias finales. Se requieren cambios radicales, que
deben provenir de modificaciones profundas en nuestros siste-

mas de generación y uso eficiente de la energía, de transporte, de producción agropecuaria, y de la disposición de los desechos, no sólo los domésticos sino también los industriales. Éstos no son cambios fáciles de adoptar por las sociedades, especialmente por aquéllas acostumbradas a altos niveles de comodidad, ni resultan fáciles de encarar, discutir y decidir para los políticos y los líderes sociales. La dimensión del problema del calentamiento global que encara la humanidad demanda acciones de gran dimensión, mismas que en la actualidad apenas se empiezan a considerar tanto por los países que más contribuyen a las emisiones de GEI como por los que están en pleno proceso de desarrollo económico para mejorar las condiciones de vida de sus sociedades. En el nivel individual, la gente que reconoce la realidad del cambio climático lo hace en su mayoría de manera abstracta, por lo general sin una percepción adecuada de la dimensión real del problema.

Para ilustrar lo anterior, usaremos un ejemplo desarrollado recientemente por Nathan Lewis, investigador de química del Instituto de Tecnología de California (Caltech). Lewis empieza por usar la cifra del consumo total mundial de energía para cada segundo del día en el año 2000 (como si fuese el "medidor de luz" consumida en la Tierra), que era de 13 terajoules (un terajoule es igual a un millón de millones de joules, es decir, 10^{12} J). Todas las predicciones, en caso de que no se tome ninguna de las medidas de las que se ha hablado en los capítulos anteriores —que hasta el presente no hemos adoptado— indican que para el año 2050, a menos de siete lustros de distancia, el consumo que marcará ese medidor virtual será de alrededor de 26 terajoules. Las predicciones para 2050 indican que muy probablemente estaremos en concentraciones del doble de CO_2 en la atmósfera (cerca de 560 ppm) de las existentes antes de la Revolución industrial (280 ppm), lo que significa que muy probablemente la temperatura se podría incrementar hasta 4 °C en promedio, una cifra superior a la que se ha tomado como la meta de los 2 °C si se quisiera evitar la generación de problemas climáticos muy significativos, efectos ambientales irreversibles y de costos económicos y sociales de una enorme seriedad. Esto implica que las emisiones de GEI se tienen que reducir 50% de lo que actualmente se emite. Lewis concluye que, en términos generales, en las siguientes tres a cuatro décadas tendremos que conservar casi tanta energía como la que estamos usando en el presente, y esto se puede lograr solamente volviéndonos mucho más eficientes en el uso de ésta, además de que tendríamos que generar casi tanta energía nuclear y renovable como la no renovable que estamos usando en el presente, de fuentes energéticas no emisoras de carbón. Para triunfar en ese reto se requerirá no sólo de una inversión de capital financiero muy significativa —afortunadamente los costos de las energías renovables se han reducido drásticamente—, también se requiere de capital intelectual y de creatividad.

Como mencionamos en el capítulo VIII, en las decisiones que se tomen tanto a escala nacional como global respecto del calentamiento de la superficie de la Tierra hay un elemento de profunda responsabilidad ética hacia las presentes y las futuras generaciones de seres humanos. Aunque necesitamos de innovación tecnológica realmente creativa para atender los problemas encarados por la humanidad en este sentido, el problema no es solamente de naturaleza tecnológica. Tenemos que tomar conciencia de que, en el modelo de desarrollo económico que ha dominado el mundo hasta ahora, hemos estado hipotecando el futuro en lugar de invertir en él. Nuestros sistemas educativos, en las escuelas o en el seno familiar, e incluso dentro de los esquemas religiosos, no nos inculcan el sentido de responsabilidad ética hacia las generaciones futuras. Es lamentable la falta de responsabilidad por parte de la mayoría de las sociedades económicamente afluentes hacia la generación presente en el planeta. No sentimos ningún compromiso hacia los individuos que poblarán este planeta —más allá de hijos o quizá nietos— y a los que no conocemos.

Enfrentar el desafío energético que tenemos frente a nosotros representa un enorme reto para todos los habitantes del planeta. Quienes viven en estándares de consumo per cápita promedio de 7 tCO_2e o más tendrán que reducir ese consumo a un poco menos de la mitad, y quienes están en los niveles de consumo promedio de alrededor de 1 tCO_2e no podrán aspirar a utilizar más de alrededor de 2.5 tCO_2. Sólo así se logrará, por un lado, no duplicar el CO_2 atmosférico y sobrepasar por una cantidad no fácil de determinar el incremento en la temperatura media del planeta por arriba de los 2 °C. Por otro lado, deberemos haber cuidado y mantenido la integridad de los ecosistemas naturales remanentes del mundo —marinos y terrestres— si esperamos vivir en un planeta que pueda sostener la actividad económica y social de más de 9 000 millones de seres humanos para mediados del siglo.

Todo parece indicar que estamos entrando de lleno en un tiempo y unas circunstancias en que las sociedades determinarán —mediante los acuerdos internacionales, estrategias y acciones— que las naciones tiendan más a la sustentabilidad y a la reducción del impacto ecológico en la producción de sus bienes y su crecimiento económico.

Los impresionantes cambios globales en la capacidad de comunicación social, mediante las redes sociales y otros mecanismos, harán que cada vez se transparente más no solamente el cumplimiento de la responsabilidad social de las compañías, sino también su actitud y comportamiento ambiental. Hasta ahora los costos de un comportamiento ignorante de las consecuencias ambientales han sido (y seguirán siéndolo) cobrados fundamentalmente por la naturaleza mediante las catástrofes ambientales que casi a diario atestiguamos, y fundamentalmente pagados por los sectores sociales más desprotegidos. Las economías que sigan dependiendo de los combustibles fósiles o que no tomen en cuenta las externalidades ambientales de sus sistemas de producción y de estándares de vida dejarán de ser competitivas.

Aun cuando en el presente haya un costo adicional por el desarrollo de una economía basada en energías renovables (como la solar o la eólica), comparado con los daños evitados por el cambio climático, ese costo total es claramente inferior. Además, el "precio de los combustibles" (energía del sol o del viento) será constante: será permanentemente gratuito. Ambos son "combustibles" que hemos tenido desde siempre, todos los días, en cantidades ilimitadas, y quizá por eso no los hemos apreciado como debería ser. Pero las cosas en ese sentido están empezando a cambiar. La predictibilidad de los costos en la economía es una ventaja enorme en el largo plazo, situación que no existe en el caso de los combustibles fósiles.

Esta situación, que es cierta para la industria, lo es también para el caso del funcionamiento de las ciudades, motores principales de la demanda de bienes y energía en el planeta. Algunas grandes ciudades están empezando acciones serias de reducción de emisiones al convertir sus flotillas de taxis en autos híbridos; incluso han cambiado regulaciones impuestas anteriormente por fabricantes de autos convencionales y han generado espacios de negocio a los bancos que financian el cambio de los vehículos. El efecto social de estos cambios es muy importante, ya que la sociedad, al ver estas acciones, empieza a liderar programas similares en otros aspectos del funcionamiento de la ciudad.

Sin embargo, para que estos y muchos otros cambios en la forma que generamos energía se puedan dar, se requieren modificaciones "en las reglas del juego" que solamente pueden surgir de los acuerdos internacionales y de normas emitidas por los gobiernos, que deben actuar con la responsabilidad que les concierne de velar por el bienestar presente y especialmente el futuro de sus ciudadanos. Es decir, los gobiernos deben adoptar una política de internalización de los costos ambientales y sociales de la producción de energía, por otro lado importantes avances en los costos de innovación de energías renovables. Ésta es la única forma de progresar rápidamente hacia la innovación y la creatividad de nuevas tecnologías de energías renovables con la velocidad que requerimos para lograr los cambios a tiempo, reduciendo las probabilidades de los desastres ambientales con sus consecuentes enormes costos sociales y económicos.

Sin embargo, a escala mundial no habrá forma segura de alcanzar metas satisfactorias sin la consolidación de acuerdos internacionales globales. Al ser el cambio climático un problema que se inicia localmente pero que se globaliza casi de inmediato, es indispensable que para resolverlo existan acuerdos que comprometan a la mayoría de las naciones que generan en el presente o generarán en el futuro la mayor contribución a la emisión de gases de efecto invernadero.

Tenemos dos responsabilidades éticas como habitantes de este planeta. La primera es hacia lo que comúnmente llamamos "naturaleza", ese conjunto de ecosistemas de los cuales dependemos totalmente, y de las especies que los componen y con las cuales estamos relacionados evolutivamente. La otra obligación ética es hacia los miembros de nuestra propia especie que hoy pueblan y poblarán en el futuro la Tierra. La responsabilidad ética hacia la naturaleza descansa en el hecho de que, como especie culturalmente evolucionada, nosotros pensamos en ella y en el significado que tiene para el mantenimiento de la vida como la conocemos en la Tierra. El otro compromiso, el que tenemos para con nuestros congéneres, tiene su base en elementos de responsabilidad moral y en el hecho de que esos congéneres evaluarán en el futuro la forma en que hemos cumplido o ignorado dicha responsabilidad. Ninguna generación de seres humanos previa a la nuestra ha tenido la cantidad de información acerca de los efectos de nuestra actividad económica sobre el ambiente de la Tierra; ninguna generación del futuro tendrá el tiempo que nosotros tenemos para actuar. Cuando se ponen manos a la obra, lo inconcebible se torna inevitable.

acidificación de los océanos: alteración química de los océanos generada por un incremento en la cantidad de bióxido de carbono que se absorbe de la atmósfera, y en el mar produce ácido carbónico, lo que crea condiciones más ácidas, es decir, disminuye el pH del agua marina.

Atlas de Riesgos de la República Mexicana: sistema integral de información de México que se expresa espacialmente y permite establecer bases de datos y realizar el análisis del peligro, el riesgo y la vulnerabilidad ante desastres a escalas nacional, regional, estatal y municipal.

atmósfera: cubierta gaseosa que rodea la Tierra. La atmósfera está formada casi en su mayoría por nitrógeno (78% de su volumen) y por oxígeno (20.9% de su volumen), junto con otros gases como argón, helio, bióxido de carbono, vapor de agua y ozono, estos últimos en concentraciones variables.

balance hídrico: equilibrio de los recursos hídricos que ingresan y salen en un intervalo de tiempo determinado, ya sea en una cuenca, un embalse, un lago o un país.

banda transportadora oceánica: vía por la que circula el agua en los océanos de la Tierra, impulsada por los vientos y la circulación termohalina.

biomas: son amplias áreas de características climáticas similares en un área geográfica contigua y extensa que se define por factores tales como los tipos de plantas (como unidades arbóreas, arbustivas, herbáceas), características fenológicas de las plantas como el tamaño y la duración de sus hojas, y la estructura que tienen (como bosques, sabanas, pastizales, etcétera).

biota: la conforman todos los organismos vivos que se encuentran en una zona: la flora, la fauna y los microorganismos considerados como una unidad.

bióxido de carbono (CO₂): gas que forma parte de la atmósfera terrestre y que se produce de forma natural en los procesos de respiración de todos los organismos, y también como subproducto de la quema de combustibles fósiles y biomasa, de la deforestación de bosques y selvas, y otros procesos industriales. En términos de su abundancia, es el principal gas de efecto invernadero que afecta el equilibrio energético del planeta. Es el gas de referencia frente al que se comparan otros gases de efecto invernadero.

bióxido de carbono equivalente (CO₂e): unidad de medida comparativa para los GEI que toma como referencia el grado en que el bióxido de carbono causa el forzamiento radiativo, esto es, el calentamiento de la superficie terrestre.

blanqueo de corales: decoloración de los corales que resulta de la pérdida de los organismos simbióticos que los habitan, por efecto del incremento de la temperatura y la acidificación del mar.

cambio climático: cambios acelerados, de origen antropogénico, de algunas características del sistema climático global, como la temperatura de la superficie terrestre y la distribución de la precipitación, los cuales se han observado en las últimas décadas.

capa de ozono: región de la estratósfera en la cual la concentración de ozono es mayor (10 ppm) que en el resto de la atmósfera (0.3 ppm). Esta capa se encuentra entre 20 y 30 km por arriba de la superficie terrestre, y absorbe entre 97% y 99% de la radiación ultravioleta proveniente del Sol, la cual es dañina para una gran variedad de sistemas biológicos.

celdas de Hadley: regiones de circulación de vientos que se elevan cerca del Ecuador y descienden alrededor de los 30° de latitud (norte y sur), creando zonas de alta presión que coinciden con la presencia de los grandes desiertos calientes.

ciclón: son tormentas originadas en las zonas marinas de baja presión atmosférica, normalmente generadas en las zonas intertropicales, aunque también las hay ocasionalmente a otras latitudes, como en el Polo Norte. Se forman en los veranos de los dos hemisferios a partir de masas marinas que se han calentado por la radiación solar, lo que les da la fuerza que adquieren al generarse. Por ello, el calentamiento del mar tiende a producir ciclones de mayor fuerza con un aire más caliente y consecuentemente con mayor capacidad de cargar vapor de agua y producir precipitaciones mucho más intensas con daños potenciales mayores. Los vientos generados en la espiral ciclónica giran en el hemisferio norte al contrario del sentido de las manecillas del reloj y en el hemisferio sur lo hacen en el mismo sentido que ellas.

ciclos de Milanković: cambios cíclicos en los parámetros de la órbita de la Tierra (excentricidad de la órbita, ángulo de inclinación del eje de la Tierra y el grado de cabeceo de la misma) que Milanković relacionó con los cambios en el clima, como las glaciaciones.

circulación atmosférica: es el movimiento de los vientos a escala global relacionados con los modelos de celdas (de Hadley, de Ferrel y polares) y generados por las diferencias térmicas y de presiones que existen en la superficie terrestre por el diferencial del calentamiento producido en el globo terráqueo por los rayos solares.

circulación termohalina: circulación a escala mundial de los océanos, impulsada por diferencias en densidad del agua marina, causadas a su vez por diferencias en temperatura y salinidad. En el Atlántico norte, la circulación termohalina consiste en el flujo en la superficie de agua cálida hacia el Norte, y de agua fría en profundidad que se desplaza hacia el Sur, lo que resulta en un transporte neto de calor hacia las latitudes norteñas. El agua de la superficie se hunde en algunas regiones muy confinadas localizadas en altitudes altas.

desertificación: degradación de los ecosistemas y pérdida de las características fisicoquímicas de los suelos que genera zonas áridas y semiáridas como resultado de diversos factores, que incluyen específicamente la deforestación o la perturbación severa de ecosistemas, variaciones climatológicas y otras actividades humanas.

diversidad biológica: la variabilidad de la vida en la Tierra, medida por la riqueza en la variación genética, y el número de especies y ecosistemas.

ecosistema: conjunto de organismos vivos que interactúan entre ellos y con su entorno físico. Están relativamente definidos porque ocupan una área de condiciones ecológicas similares (régimen climático, suelos, geología, etcétera).

efecto invernadero: se produce por la absorción de radiación infrarroja emitida por la superficie terrestre, ocasionada por algunos gases presentes en la atmósfera (GEI), y cuya consecuencia es el calentamiento de la atmósfera.

eje de rotación de la Tierra: la línea recta imaginaria entre los polos Norte y Sur alrededor de la cual tiene lugar la rotación de la Tierra.

emisiones fugitivas: en el sector de la energía, las emisiones fugitivas procedentes de los combustibles se pueden dividir en categorías de fuentes relacionadas con los combustibles sólidos (fundamentalmente el carbón) y los sistemas de petróleo y gas natural. El principal gas de efecto invernadero emitido por estas categorías de fuentes es el metano (CH_4), aunque algunas fuentes también emiten cantidades menores de bióxido de carbono (CO_2).

estaciones agroclimáticas: red de estaciones climatológicas que registran una serie de parámetros del clima tales como la temperatura y la dirección del viento, la precipitación, la humedad relativa, la presión barométrica, el punto de rocío y la radiación solar.

estratósfera: parte de la atmósfera que se encuentra por encima de la tropósfera, y que se extiende entre alrededor de los 8-12 km hasta los 50 km por encima de la superficie terrestre. En la estratósfera, la temperatura aumenta con la altura.

estrés hídrico: situación experimentada por los organismos vivos que se produce cuando la demanda de agua excede la cantidad disponible durante un periodo determinado o cuando su baja calidad restringe su uso. Así, se produce un deterioro de los recursos de agua destinada al consumo tanto en cantidad (sobreexplotación de los acuíferos, ríos secos, etc.) como en calidad (eutrofización, contaminación, intrusión salina, etcétera).

evapotranspiración: pérdida de humedad de una superficie por evaporación directa del suelo junto con la pérdida de agua por la transpiración de la vegetación. Su volumen se expresa en milímetros por unidad de tiempo.

fenología: estudio de los fenómenos naturales en sistemas biológicos —como floración, fructificación, caída de las hojas, etc., en las plantas, o anidación, etapas de metamorfosis, migraciones, etc., en animales— que ocurren periódicamente y que están relacionados con el clima y los cambios estacionales.

fenómeno hidrometeorológico extremo: fenómeno poco frecuente, que involucra al sistema hidrológico atmosférico que ocurre en un lugar determinado; por ejemplo, una lluvia o una sequía particularmente severas.

fenómeno de Tyndall: se presenta cuando un rayo luminoso atraviesa un medio gaseoso que contiene partículas sólidas o líquidas (por ejemplo, humo, polvo o gotas de agua microscópicas); el trayecto que sigue el rayo es visualizado gracias a que las partículas se convierten en centros reflectores de luz.

fermentación entérica: proceso digestivo mediante el cual los carbohidratos son descompuestos por microorganismos en moléculas más pequeñas para ser absorbidos en el flujo sanguíneo de un animal.

gases de efecto invernadero (GEI): gases integrantes de la atmósfera, de origen natural o antropogénico, que absorben parte de la radiación infrarroja emitida por la superficie de la Tierra al calentarse con la radiación solar. Esta propiedad causa el efecto invernadero. El vapor de agua (H_2O), el bióxido de carbono (CO_2), el óxido nitroso (N_2O), el metano (CH_4) y el ozono (O_3) son los principales GEI en la atmósfera terrestre. Se encuentran en cantidades modestas en la atmósfera y son producidos por procesos naturales, así como en grandes cantidades por la actividad humana. Además existe una serie de GEI producidos en su totalidad por el hombre, como los clorofluorocarbonos (CFC) y el hexafluoruro de azufre (SF_6).

Gran Barrera de Coral de Australia: arrecife coralino que se encuentra en las costas de Queensland, Australia. Abarca 34 870 000 ha, lo que lo hace el más grande del mundo, y está clasificado por la UNESCO como Patrimonio de la Humanidad.

medio ambiente: o simplemente ambiente, es el conjunto de condiciones fisicoquímicas y biológicas en el entorno natural de los organismos. Como extensión, en el caso de los humanos, se incluyen además los elementos sociales, culturales y políticos que constituyen su entorno.

permafrost: suelo permanentemente congelado, que se presenta principalmente en altas latitudes. Abarca 24% de la Tierra en el hemisferio norte, y almacena grandes cantidades de carbono. Como resultado del cambio climático, el permafrost corre el riesgo de derretirse, liberando el carbono almacenado en forma de bióxido de carbono y de metano, que son potentes gases de efecto invenadero.

pobreza patrimonial: condición de ingreso económico por persona menor al necesario para cubrir el consumo básico de alimentación, vestido, calzado, vivienda, salud, transporte público y educación.

precesión: es el "cabeceo" del eje de la Tierra en su rotación, de la manera que un giróscopo o un trompo cabecean al girar en su eje.

sustancias agotadoras de ozono (SAO): son sustancias químicas que tienen el potencial de destruir las moléculas de ozono de la estratósfera. Las SAO, además de óxido nitroso (N_2O), son hidrocarburos cuyas moléculas contienen átomos de cloro o bromo, e incluyen a los clorofluorocarbonos (CFC), hidroclorofluoro-carbonos (HCFC), halones, hidrobromofluorocarbonos (HSFC), bromoclorometano, metilcloroformo, tetracloruro de carbono y bromuro de metilo. Estas sustancias se usan en equipos de refrigeración y aire acondicionado, como agentes espumantes, solventes de limpieza, agentes para combatir el fuego y fumigantes para controlar plagas.

surgencias marinas: movimiento vertical de masas de agua marina de las profundidades a la superficie por el arrastre del viento y que son ricas en nutrientes.

TOPEX/Poseidón: misión satelital conjunta de la NASA y las agencias espaciales de los Estados Unidos y Francia, la cual mapeó y midió la superficie del océano de 1992 a 2006.

tropósfera: parte inferior de la atmósfera que se encuentra entre la superficie de la Tierra y los 8 km de altura en latitudes altas y los 12 km de altura en los trópicos, donde se forman las nubes y ocurren la mayoría de los fenómenos meteorológicos. En la tropósfera la temperatura desciende con la altura.

unidades de reducción de emisiones (ERU): equivale a 1 tCO_2e reducida o secuestrada en un proyecto industrial determinado, calculado con base en el potencial de calentamiento global.

zona de convergencia intertropical: región en la zona ecuatorial donde se producen masas de aire caliente y húmedo debido a las corrientes de baja presión. Está formada, como su nombre indica, por la convergencia de aire cálido y húmedo de latitudes por arriba y por debajo del ecuador. Estas masas generan nubosidad y tormentas.

ABREVIATURAS, ACRÓNIMOS Y SIGLAS

ANP: Áreas Naturales Protegidas

CAIT: Climate Analysis Indicator Tool (Herramienta Indicadora de Análisis del Clima)

CDB: Convención sobre Diversidad Biológica

CFC: clorofluorocarbonos

CICC: Comisión Intersecretarial de Cambio Climático (México)

CMC: Conferencia Mundial sobre el Clima

CMNUCC: Convención Marco de las Naciones Unidas sobre el Cambio Climático

CNPC: Consejo Nacional de Protección Civil (México)

CO_2: bióxido de carbono

CO_2e: bióxido de carbono equivalente

COP: Conferencia de las Partes

CUSF: cambio de uso de suelo y degradación de ecosistemas forestales

ENCC: Estrategia Nacional sobre Cambio Climático (México)

ENOS: El Niño-Oscilación del Sur

GCF: Green Climate Found (Fondo Verde para el Clima)

GEI: gases de efecto invernadero

ha: hectárea

IBP: International Biological Program (Programa Biológico Internacional)

IDH: Índice de Desarrollo Humano

IGY: International Geophysical Year (Año Geofísico Internacional)

INE: Instituto Nacional de Ecología (actualmente INECC; México)

INECC: Instituto Nacional de Ecología y Cambio Climático (anteriormente INE; México)

INEGEI: Inventario Nacional de Emisiones de Gases de Efecto Invernadero (México)

IPCC: Intergovernamental Panel on Climate Change (Grupo Intergubernamental de Expertos sobre el Cambio Climático)

JPL: Jet Propulsion Laboratory (Laboratorio de Propulsión a Chorro)

MDL: mecanismo de desarrollo limpio

MEA: Millenium Ecosystem Assesment (Evaluación de los Ecosistemas del Milenio)

msnm: metros sobre el nivel del mar

NASA: National Aeronautics and Space Administration (Administración Nacional de Aeronáutica y el Espacio, Estados Unidos)

OCDE: Organización para la Cooperación y el Desarrollo Económico

OMM: Organización Meteorológica Mundial

ONU: Organización de la Naciones Unidas

PECC: Programa Especial de Cambio Climático (México)

PIB: producto interno bruto

PMC: Programa Mundial sobre el Clima

PNUMA: Programa de Naciones Unidas para el Medio Ambiente

ppb: partes por billón

ppm: partes por millón

SAO: sustancias agotadoras de ozono

USCUSS: usos de suelo, cambio de uso de suelo y silvicultura

WRI: World Resources Institute (Instituto de Recursos Mundiales)

BIBLIOGRAFÍA

Agencia Internacional de Energía (AIE), 2015, *Perspectivas de la energía en el mundo (World Energy Outlook)*, AIE/OCDE, París.

Asahi Glass Foundation (AF), 2009, *Conditions for Survival. Global Warming-response to a Creeping Crisis*, AF, Tokio.

Boden, T. A., G. Marland y R. J. Andres, 2010, *Global, Regional, and National Fossil-fuel CO_2 Emissions*, Carbon Dioxide Information Analysis Center, Oak Ridge.

Both, C., S. Bouwhuis, C. M. Lessells y M. E. Visser, 2006, "Climate Change and Population Declines in a Long-distance Migratory Bird", *Nature*, 441 (7089): 81-83.

Carabias, J. y R. Landa, con la colaboración de J. Collado Moctezuma y P. Martínez, 2005, *Agua, medio ambiente y sociedad. Hacia la gestión integral de los recursos hídricos en México*, UNAM/El Colegio de México/Fundación Gonzalo Río Arronte, México.

Centre for Research on the Epidemiology of Disasters (CRED), 2016, Emergency Events Database (EM-DAT), www.emdat.be.

Centro Nacional de Prevención de Desastres (Cenapred), 2014, *Impacto socioeconómico de los principales desastres ocurridos en la República Mexicana*, Cenapred-Segob, México.

Climate Analysis Indicators Tool (CAIT), 2015, "CAIT Paris Contributions Data", World Resources Institute, www.wri.org.

Comisión Económica para América Latina y el Caribe (Cepal) y Banco Interamericano de Desarrollo (BID), 2000, *Un tema de desa-*

rrollo: la reducción de la vulnerabilidad frente a los desastres, documento presentado en el seminario "Enfrentando desastres naturales: una cuestión del desarrollo" (elaborado por R. Zapata, R. Caballero, E. Jarquín, J. Pefit y S. Mora).

Comisión Económica para América Latina y el Caribe (Cepal) y Programa de las Naciones Unidas para el Medio Ambiente (PNUMA), 2002, *La sostenibilidad del desarrollo en América Latina y el Caribe: desafíos y oportunidades,* ONU, Santiago de Chile.

Comisión Intersecretarial de Cambio Climático (CICC), 2007, Estrategia nacional de cambio climático, Semarnat, México.

———, 2009, Programa Especial de Cambio Climático 2009-2012, Semarnat, México.

———, 2014, Programa Especial de Cambio Climático 2014-2018 (PECC), Semarnat, México.

Comisión Nacional Forestal (Conafor), 2016, "Reporte semanal de resultados de incendios forestales 2016", Programa Nacional de Prevención de Incendios Forestales/Centro Nacional de Control de Incendios Forestales-Conafor, México.

Comisión Nacional para el Conocimiento y Uso de la Biodiversidad (Conabio), 2008, Capital natural de México, III: Políticas públicas y perspectivas de sustentabilidad, Conabio, México.

Consejo Nacional de Evaluación de la Política de Desarrollo Social (Coneval), 2014, "Medición de la pobreza", Coneval, coneval.gob.mx.

Cook, J., D. Nuccitelli, S. A. Green, M. Richardson, B. Winkler, R. Painting, R. Way, P. Jacobs y A. Skuce, 2013, "Quantifying the Consensus on Anthropogenic Global Warming in the Scientific Literature", Environmental Research Letters, 8 (2).

Davis, M. B., y C. Zabinsky, 1992, "Changes in Geographical Range Resulting from Greenhouse Warming: Effects on Biodiversity in Forest", en R. L. Peters y T. E. Lovejoy (coords.), Global Warming and Biological Diversity, Yale University Press, Connecticut, pp. 297-308.

Diario Oficial de la Federación (DOF), 1988, "Ley General del Equilibrio Ecológico y la Protección al Ambiente", DOF, México, 28 de enero de 1988. [Última reforma publicada: DOF, 9 de enero de 2015.]

Diario Oficial de la Federación (DOF), 2012a, "Ley General de Cambio Climático", DOF, 6 de junio de 2012. [Última reforma publicada: DOF, 2 de abril de 2015.]

—————, 2012b, "Ley General de Protección Civil", DOF, 6 de junio de 2012. [Última reforma publicada: DOF, 3 dejunio de 2014.]

—————, 2013, "Estrategia Nacional de Cambio Climático", DOF, 3 de junio de 2013.

Dirzo, R., 2001, "Forest Ecosystems Functioning, Threats and Value: Mexico as a Case Study", en Victoria Hollowell, *Managing Human-dominated Ecosystems: Proceedings of the Symposium at the Missouri Botanical Garden, St. Louis, Missouri, 26-29 March 1998*, Missouri Botanical Garden Press, Missouri.

Emission Database for Global Atmospheric Research (EDGAR), 2015, www.edgar.jrc.ec.europa.eu.

Enerdata, 2016, Global Energy Statistical Yearbook, www.yearbook. enerdata.net.

Galindo, L. M., 2009, *La economía del cambio climático en México*, Semarnat, México.

Gates, D. M., 1993, *Climate Change and Its Biological Consequences*, Sinauer Associates, Massachusetts.

Global Forest Watch Climate (GFW), 2016, www.climate.globalforest-watch. org.

Gordon, K. E. A., 2014, *Risky Business. The Economic Risks of Climate Change in the United States*, Risky Business Project, Nueva York.

Gore, A., 2006, *An Inconvenient Truth: The Planetary Emergency of Global Warming and What We Can Do about It*, Rodale, Nueva York.

Goulder, L. H., y A. R. Schein, 2013, "Carbon Taxes versus Cap and Trade: A Critical Review", *Climate Change Economics*, 4 (3): 1-28.

Grupo Intergubernamental de Expertos sobre el Cambio Climático (IPCC), S. Solomon, D. Qin, M. Manning, Z. Chen, M. Marquis, K. B. Averyt, M. Tignor y H. L. Miller (coords.), 2007a, *Climate Change 2007: The Physical Science Basis. Contribution of Working Group I to the Fourth Assessment Report of the*

Intergovernmental Panel on Climate Change, Cambridge University Press, Cambridge y Nueva York.

Grupo Intergubernamental de Expertos sobre el Cambio Climático (IPCC), R. K. Pachauri y A. Reisinger (coords.), 2007b, *Climate Change 2007: Synthesis Report. Contribution of Working Groups I, II and III to the Fourth Assessment Report of the Intergovernmental Panel on Climate Change Core Writing Team*, IPCC, Ginebra.

Grupo Intergubernamental de Expertos sobre el Cambio Climático (IPCC), 2012, *Managing the Risks of Extreme Events and Disasters to Advance Climate Change Adaptation*, Cambridge University Press, Cambridge y Nueva York.

Grupo Intergubernamental de Expertos sobre el Cambio Climático (IPCC), T. F. Stocker, D. Qin, G. K. Plattner, M. Tignor, S. K. Allen, J. Boschung, A. Nauels, Y. Xia, V. Bex y P. M. Midgley (coords.), 2013, *Climate Change 2013: The Physical Science Basis. Contribution of Working Group I to the Fifth Assessment Report of the Intergovernmental Panel on Climate Change*, Cambridge University Press, Cambridge y Nueva York.

Grupo Intergubernamental de Expertos sobre el Cambio Climático (IPCC), R. Sims *et al.*, 2014a, "Transport", en IPCC, O. Edenhofer *et al.* (coords.), *Climate Change 2014: Mitigation of Climate Change. Working Group III Contribution to the Fifth Assessment Report of the Intergovernmental Panel on Climate Change*, Cambridge University Press, Cambridge y Nueva York.

Grupo Intergubernamental de Expertos sobre el Cambio Climático (IPCC), C. B. Field, V. R. Barros, D. J. Dokken, K. J. Mach, M. D. Mastrandrea, T. E. Bilir, M. Chatterjee, K. L. Ebi, Y. O. Estrada, R. C. Genova, B. Girma, E. S. Kissel, A. N. Levy, S. MacCracken, P. R. Mastrandrea y L. L. White (coords.), 2014b, *Climate Change 2014: Impacts, Adaptation, and Vulnerability. Part A: Global and Sectoral Aspects. Contribution of Working Group II to the Fifth Assessment Report of the Intergovernmental Panel on Climate Change*, Cambridge University Press, Cambridge y Nueva York.

Hansen, H. S., 2010, "Modelling the Future Coastal Zone Urban Develop-
ment as Implied by the IPCC SRES and Assessing the Impact from
Sea Level Rise", *Landscape and Urban Planning*, 98: 141-149.

Instituto Nacional de Estadística, Geografía e Informática (INEGI),
2001, *Climas*, escala 1:1,000,000, INEGI, Aguascalientes.

————, 2005, *Uso de suelo y vegetación*, Serie III, escala 1:250,000,
INEGI, Aguascalientes.

Internal Displacement Monitoring Centre (IDMC) y Norwegian Refu-
gee Council (NRC), 2014, *Global Estimates 2014. People Displa-
ced by Disasters*, IDMC, Ginebra.

Jacoby, H., y D. Ellerman, 2004, "The Safety Valve and Climate Policy",
Energy Policy, 32 (4): 481-491.

Kolstad, C., y M. Toman, 2005, "The Economics of Climate Policy",
Handbook of Environmental Economics, 3: 1561-1618.

Kurukulasuriya, P., R. Mendelsohn, R. Hassan, J. Benhin, T. Deressa, M.
Diop, H. M. Eid, K. Y. Fosu, G. Gbetibouo, S. Jain, A. Maha-
madou, R. Mano, J. Kabubo-Mariara, S. El-Marsafawy, E. Mo-
lua, S. Ouda, M. Ouedraogo, I. Séne, D. Maddison, S. N. Seo,
y A. Dinar, 2006, "Will African Agriculture Survive Climate
Change?", *The World Bank Economic Review*, 20 (3): 367-388.

Landa, R., V. Magaña y C. Neri, 2008, *Agua y clima. Elementos para la
adaptación al cambio climático*, Semarnat/UNAM, México.

Lenton, T. M., H. Held, E. Kriegler, J. W. Hall, W. Lucht, S. Rahmstorf y
H. J. Schellnhuber, 2008, "Tipping Elements in the Earth's Climate System", *Proceedings of the National Academy of Sci- ences
of the United States*, 105 (6): 1786-1793.

Lovejoy, T., y L. Hanna (comps.), 2005, *Climate Change and Biodiversity*, Yale University Press, Connecticut.

Magaña Rueda, V. (coord.), 2004, *Los impactos de El Niño en México*,
Centro de Ciencias de la Atmósfera-UNAM/Segob, México.

Mendelsohn, R., 2014, "The Impact of Climate Change on Agriculture
in Asia", *Journal of Integrative Agriculture*, 13 (4): 660-665.

————, y A. Dinar, 1999, "Climate Change, Agriculture, and De-
veloping Countries: Does Adaptation Matter?", *World Bank
Research Observer*, 14 (2): 277-293.

217

Mendelsohn, R., y W. Nordhaus, 1999, "The Impact of Global Warming on Agriculture: A Ricardian Analysis: Reply", *The American Economic Review*, 89 (4): 1053-1055.

Millennium Ecosystem Assessment Board (MEA), 2005, *Ecosystems and Human Well-being: Biodiversity Synthesis*, World Resources Institute, Washington, D. C.

Miranda, F., y E. Hernández Xolocotzi, 1963, *Los tipos de vegetación de México y su clasificación*, Sociedad Botánica de México, México. [Véase también: FCE, México, 2014 (edición del 50 aniversario).]

Mittermeier, R., 1997, *Megadiversidad. Los países biológicamente más ricos del mundo*, trad. de T. Segovia, CEMEX/Agrupación Sierra Madre, México.

Molina, M., J. McCarthy, D. Wall, R. Alley, K. Cobb, J. Cole, S. Das, N. Diffenbaugh, K. Emanuel, H. Frumkin, K. Hayhoe, C. Parmesan y M. Shepherd, 2014, *What We Know. The Reality, Risks and Response to Climate Change*, American Association for the Advancement of Science, Washington, D. C.

Munich Re, 2016, *Loss Event Worldwide 1980-2015*, munichre.com.

National Oceanic and Atmospheric Administration (NOAA), 2016a, "Global Circulations", National Weather Service, www.srh.noaa.gov.

——————, 2016b, "Earth System Research Laboratory Global Monitoring Division", Earth System Research Laboratory, www.esrl.noaa.gov.

Newell, R. G., y W. A. Pizer, 2003, "Regulating Stock Externalities under Uncertainty", *Journal of Environmental Economics and Management,* 45 (2): 416-432.

Newman, P. A., L. D. Oman, A. R. Douglass, E. L. Fleming, S. M. Frith, M. M. Hurwitz, S. R. Kawa, C. H. Jackman, N. A. Krotkov, E. R. Nash, J. E. Nielsen, S. Pawson, R. S. Stolarski, y G. J. M. Velders, 2009, "What Would Have Happened to the Ozone Layer if Chlorofluorocarbons (CFCs) Had Not Been Regulated?", *Atmospheric Chemistry and Physics*, 9 (6): 2113-2128.

Nordhaus, W. D., 2008, *A Question of Balance. Weighing the Options on Global Warming Policies*, Yale University Press, Connecticut.

—————, 2011, "The Architecture of Climate Economics: Designing a Global Agreement on Global Warming", *Bulletin of the Atomic Scientists*, 67 (1): 9-18.

—————, 2013, *The Climate Casino: Risk, Uncertainty, and Economics for a Warming World*, Yale University Press, Connecticut.

Olson, D. M., E. Dinerstein, E. D. Wikramayanake, N. D. Burgess, G. V. M. Powell, E. C. Underwood, J. A. D'amico, I. Itoua, H. E. Strand, J. C. Morrison, C. J. Loucks, T. F. Allnutt, T. H. Ricketts, Y. Kura, J. F. Lamoreux, W. W. Wettengel, P. Hedao y K. R. Kassem, 2001, "Terrestrial Ecoregions of the World: A New Map of the Life on Earth", *Bioscience*, 5 (11): 933-938.

Organización de las Naciones Unidas (onu), 1998, *Protocolo de Kioto de la Convención Marco de las Naciones Unidas sobre el Cambio Climático*, onu, Kioto.

—————, 2014, *La situación demográfica en el mundo 2014. Informe conciso*, onu, Nueva York.

Organización de las Naciones Unidas para la Alimentación y la Agricultura (fao), 2015, *Evaluación de los recursos forestales mundiales 2015. Compendio de datos*, fao, Roma.

Organización para la Cooperación y el Desarrollo Económicos (ocde), 2014, "Greenhouse Gas Emissions by Source", stats. oecd.org.

Peel, M. C., B. L. Finlayson y T. A. McMahon, 2007, "Updated World Map of the Köppen-Geiger Climate Classification", *Hydrology and Earth Systems Sciences Discussions*, 11 (5): 1663-1644.

Peters, R., y T. E. Lovejoy (coords.), 1992, *Global Warming and Biological Diversity*, Yale University Press, Connecticut.

Pindyck, R. S., 2000, "Irreversibilities and the Timing of Environmental Policy", *Resource and Energy Economics*, 22 (3): 233-259.

Pindyck, R. S., 2012, "Uncertain Outcomes and Climate Change Policy", *Journal of Environmental Economics and Management*, 63 (3): 289-303.

Pindyck, R. S., 2013, "Pricing Carbon When We Don't Know the Right Price", Regulation Magazine, 36 (2): 43-46.

Programa de las Naciones Unidas para el Medio Ambiente (pnuma),

2007, *Perspectivas del medio ambiente mundial. Medio ambiente para el desarrollo* (geo-4), PNUMA, Randers.

Programa de las Naciones Unidas para el Medio Ambiente (PNUMA), 2015, Informe de 2015 sobre la disparidad en las emisiones, PNUMA, Nairobi.

Provencio, E., 2006, "Desastres: de la gestión de crisis a la reducción de riesgos", *Foreign Affairs en español*, 6 (2): 102-106.

Ranson, M., y R. Stavins, 2012, "Post-Durban Climate Policy Architecture Based on Linkage of Cap-and-Trade Systems", *Chicago Journal of International Law*, 13 (2): 403-438.

Raven, P. H., y G. B. Johnson, 1999, *Biology*, McGraw-Hill, Boston.

Root, T., y L. Hughes, 2005, "Phenological Changes in Wild Plants and Animals", en T. E. Lovejoy y L. J. Hannah (comps.), *Climate Change and Biodiversity*, Yale University Press, Connecticut, pp. 61-69.

Rosselló-Nadal, J., 2014, "How to Evaluate the Effects of Climate Change on Tourism", *Tourism Management*, 42: 334-340.

Rzedowski, J., y L. Huerta M., 1978, *Vegetación de México*, Limusa, México.

Secretaría de Medio Ambiente y Recursos Naturales (Semarnat) e Instituto Nacional de Ecología y Cambio Climático (INECC), 2009, *México. Cuarta comunicación nacional de México ante la Convención Marco de las Naciones Unidas sobre el Cambio Climático*, INECC-Semarnat, México.

Secretaría de Medio Ambiente y Recursos Naturales (Semarnat) e Instituto Nacional de Ecología y Cambio Climático (INECC), 2012a, *Adaptación al cambio climático en México: visión, elementos y criterios para la toma de decisiones*, Semarnat/INECC, México.

—————, 2012b, *México. Quinta comunicación nacional de México ante la Convención Marco de las Naciones Unidas sobre el Cambio Climático*, Semarnat/INECC, México.

Secretaría de Medio Ambiente y Recursos Naturales (Semarnat), 2006, *La gestión ambiental en México*, Semarnat, México.

—————, 2013, *Inventario Nacional de Emisiones de Gases de Efecto Invernadero, 1990-2010*, Semarnat/INECC, México.

Secretaría de Medio Ambiente, Recursos Naturales y Pesca (Semarnap), 2000, *La gestión ambiental en México,* Semarnap, México.

Soulé, M. E., 1992, "Conservation Biology Today: The Most Pressing Questions", en J. Sarukhán y R. Dirzo (comps.), *Mexico Confronts the Challenges of Biodiversity*, Comisión Nacional para el Conocimiento y Uso de la Biodiversidad, México, pp. 57-63.

Stavins, R. N., 2007, "Comparison of the Cap-and-Trade Proposal with Alternative Proposals", *Hamilton Project: Discussion Papers*, 13: 48-53.

Stern, N., 2007, *El Informe Stern: la verdad del cambio climático*, trad. de A. Santos y J. Vilatella, Paidós, Barcelona.

—————, 2013, "The Structure of Economic Modeling of the Potential Impacts of Climate Change: Grafting Gross Underestimation of Risk onto Already Narrow Science Models", *Journal of Economic Literature*, 51 (3): 838-859.

Tol, R., 2009a, "Economics of Sea Level Rise", en J. Steele, S. Thorpe y J. Turekian (coords.), *Encyclopedia of Ocean Sciences*, 2ª ed., Academic Press, Oxford, pp. 197-200.

—————, 2009b, "The Economic Effects of Climate Change", *Journal of Economics Perspectives*, 23 (2): 29-51.

Tudela, F., 2004, "México y la participación de países en desarrollo en el régimen climático", en J. Martínez y A. Fernández (comps.), *Cambio climático: una visión desde México*, INECC-Semarnat, México, pp. 155-175.

Weitzman, M., 1974, "Prices vs. Quantitites", *The Review of Economic Studies*, 41 (4): 477-491.

—————, 2011, "Fattailed Uncertainty in the Economics of Catastrophic Climate Change", *Review of Environmental Economics and Policy*, 5 (2): 275-292.

Yohe, G. W., 1991, "Uncertainty, Climate Change and the Economic Value of Information: An Economic Methodology for Evaluating the Timing and Relative Efficacy of Alternative Response to Climate Change with Application to Protecting Developed Property from Greenhouse Induced Sea Level Rise", *Policy Sciences*, 24 (3): 245-269.

Yohe, G. W., J. Neumann y H. Ameden, 1995, "Assessing the Economic Cost of Greenhouse-induced Sea Level Rise: Methods and
Application in Support of a National Survey", *Journal of Environmental Economics and Management*, 29 (3): S78-S97.

El cambio climático. Causas, efectos y soluciones,
de Mario Molina, José Sarukhán y Julia Carabias,
se terminó de imprimir y encuadernar en abril de 2019
en Impresora y Encuadernadora Progreso, S. A. de C. V. (IEPSA),
calzada San Lorenzo, 244; 09830 Ciudad de México.
El tiraje fue de 1 500 ejemplares.